김경식의

홍보 오디세이

김경식 지음

투데이펍
TODAY PUB

김경식의

홍보 오디세이

투데이**펍**
TODAY PUB

Contents

3부

이것이 홍보다

4부

위기 대응 홍보

들어가는 글

UC 버클리의 언어학자인 조지 레이코프 교수의 『코끼리는 생각하지 마』라는 책이 한때 베스트셀러가 된 적이 있다. 우리가 무의식적으로 사용하는 한 '언어'가 의도된 프레임의 산물이고 그 언어를 사용할수록 자신에게 불리한 프레임 속으로 빠져든다는 논리를 분석한 책이다. 프레임을 부정하거나 재구성하려면 새로운 언어를 사용해야 하고, 여기에는 일정한 커뮤니케이션 체계가 필요하다고 레이코프 교수는 주장했다. 프레임을 부정하든 새로운 프레임을 만들든 필요한 것은 '커뮤니케이션 체계'다.

홍보는 커뮤니케이션 체계를 활용해서 자신이 의도한 바를 달성하는 활동이다. 개인이든, 기업이든, 정부 기구든, 사람이 활동하는 곳에서는 홍보가 필요하다. 홍보활동은 대상의 차이에 따라 내부 홍보와 외부 홍보로 구분하기도 하고, 사전 준비 여부에 따라 기획 홍보, 정책 홍보로 구분하기도 한다. 또 예기치 못한 돌발 사태를 당해서 하는 홍보를 위기대응 홍보라고 한다. 어떤 종류의 홍보든 평소 커뮤니케이션 체계를 잘 갖추는 것이 홍보의 시작이다.

커뮤니케이션 체계란 사람들 또는 조직 간의 정보와 생각을 전달하고 이해하는 방법과 과정의 집합을 의미한다. 이 체계는 다양한 요소로 구성되어 있다. 효과적인 커뮤니케이션을 위해서는 사안별로 각 요소를 조화롭게 활용하는 것이 매우 중요하다.

먼저 메시지를 전달하고자 하는 사람을 누구로 할 것인가, 메시지를 받는 주 대상을 누구로 할 것인가, 전달하고자 하는 핵심 정보는 무엇인가를 결정하는 것이 중요하다. 다음으로 메시지를 전달하는 수단으로 구두, 서면, 전자메일, 소셜 미디어 등을 선택해야 하고 메시지가 전달되는 경로로 SNS, 대면 등을 결정해야 한다. 중요한 정보 전달인 경우, 핵심 대상자에게 대면으로 알리는 것이 중요하다.

또한 인코딩(송신자가 메시지를 특정한 형식으로 변환하는 과정)과 디코딩(수신자가 받은 메시지를 이해하는 과정)은 물론 전달한 메시지에 대한 피드백 통로를 배려해야 하고, 메시지 전달 과정에서 발생하는 물리적, 언어적 방해 요소도 고려해야 한다.

그리고 무엇보다 이러한 커뮤니케이션 과정에서 다음과 같은 '4성'에 주의해야 한다. 모든 정보는 사실에 근거해야 한다는 '사실성', 메시지가 명확하고 간결해야 하는 '명확성', 필요한 시점에 적절한 정보를 전달해야 한다는 '적시성', 상대방의 상황과 이해 수준에 맞춰 커뮤니케이션 방식을 조정해야 한다는 '적응성'이다. 이와 같은 커뮤니케이션 체계는 개인 간, 조직 내, 그리고 조직 간의 효율적인 소통을 위해 필수적이다.

홍보를 전문적으로 안내할 다양한 전문가와 참고 자료가 많음에도 내가 이 책을 쓰게 된 이유는 지난 20여 년간 기업 현장에서 홍보를 담당하면서 가진 문제의식과 경험을 공유하기 위해서다.

홍보란 무엇인가? 홍보 현장에서 늘 스스로 묻고 스스로 답을 구했다. 그 결과 홍보란 자기가 속한 조직을 '사회의 가치 지향'에 맞게 조율해 가는 '과정'이라는 생각에 도달했다. 즉, 사회의 가치 지향을 자기 조직에 내재화시키고 조직의 활동은 사회의 가치 지향에 맞추는 과정이어야 했다. 그것은 나 자신과 근무하는 회사가 사회의 구성원이고, 그 구성원들 덕분에 존재할 수 있기 때문이다. 특히 내가 다니던 대기업은 기업의 크기 이상으로 사회의 도움을 받았기에 그에 상응하는 기여를 해야 한다고 생각했다.

이러한 생각으로 홍보하는 가운데 세계적인 홍보회사 '버슨마스텔러' 해롤드 버슨 창업자가 국내 한 언론과 뉴욕에서 한 인터뷰는 나의 홍보관에 큰 힘을 주었다. '기업 홍보 책임자의 역할은 무엇인가?'라는 질문에 버슨의 답변은 이랬다.

"첫째, 사회의 변화를 감지하는 기업의 센서 역할을 해야 한다. 둘째, 기업의 '양심' 역할을 해야 한다. 셋째, 커뮤니케이션 중재자의 역할을 해야 한다. 기업의 내부 청중, 외부 청중 모두에게 그렇다."

이 책은 4부로 구성되었다. 사회의 가치 지향을 자기 조직에 내재화시키고 조직의 활동을 사회의 가치 지향에 맞추는 과정의 기록이다. 1부는 정몽구 회장이 갑자기 현대제철의 홍보팀 신설을 지시한 배경과 현대차그룹에서 일관제철소가 갖는 의미를 소개했다.

2부에서 4부까지는 나의 20년 체험이 담겼다. 2부는 '기자와 친해지기'다. 기자는 독특한 DNA를 가지고 있는 직업인이다. 이러한 기자와 친해지는 것은 이론으로 되는 일이 아니다. 데이터에 기반한 논리를 가지고 기자의 자존심을 세워주는 것이 중요하다. 3부는 '이것이 홍보다'라는 주제로 내가 근무했던 조직의 내부는 물론이고 외부 이해관계자들과의 갈등 조정을 홍보 관점에서 소개했다. 특히 모든 홍보인들의 고민인 언론인·언론사와의 갈등 해소도 다루었다. 4부는 '위기 대응 홍보'가 중심이다. 어느 조직이나 경쟁자가 있다. 선발 회사의 후발 회사 견제는 대체로 3단계로 진행된다. 1단계로 시장 진입 자체를 저지하다가, 안 되면 2단계로 스스로 주저앉도록 여건을 만든다. 이러한 난관을 뚫고 나면 할 수 없이 3단계로 말 잘 듣는 아우로 관리하려고 한다. 이러한 과정을 사실에 기반해서 정리해 보았다. 이러한 2부~4부는 그 어떤 홍보 교과서에서도 볼 수 없는 사례가 될 것이다. 이 책의 독자들이 행간의 뜻을 읽고 현장의 홍보활동에 인사이트를 얻을 수 있다면 큰 보람이다.

추천사

■ 정영무 (前 한겨레신문 사장)

『홍보 오디세이』는 색다르고 반가운 책이다. 홍보 관련 책자는 많지만 기업을 미화하거나 홍보의 기술적인 측면을 알려주는 게 대부분이다. 회사 안의 일에 대해서는 함구하는 문화가 중력처럼 작용하고 있기 때문이다. 오너가 있는 대기업은 더 심하다.

현대제철 홍보 일선에서 20년의 현장 경험을 생생히 기록한 이 책은 그런 점에서 주목받을 만하다. 신설 홍보팀 직원으로 시작해 고위 임원으로 퇴임한 저자는 오디세우스처럼 때로는 험난한 여정을 겪으면서도 굴하지 않고 항해를 지속해 들려줄 많은 얘깃거리를 만들었다.

저자는 시행착오를 겪으며 회사 안팎으로 소통의 면을 차근차근 넓히고 다져간다. 매체별 특성에 맞게 교류하고 조직 내부의 소통에도 공을 들이는 것은 물론이다. 나아가 기업과 사회의 상생, 기업의 가치 지향으로 홍보실의 존재 이유를 확장한다. 곧 홍보란 회사 조직을 사회의 가치 지향에 맞게 조율해가는 과정으로, 사회 변화를 감지하는 기업의 센서 그리고 기업의 양심 역할을 해야 한다고 본다. 『홍보 오디세이』는 이러한 홍보 원칙을 내재화하고 설파하고 구현하는 과정이다.

두 번의 보람이 여덟 번의 어려움을 덮었다고 저자는 말한다. 역설적으로 그만큼 말

못할 고초를 일상적으로 겪는 게 홍보 업무다. 현대제철은 한때 환경 노동 이슈가 한숨 돌리기 바쁘게 발생하고 선발주자의 견제를 세게 받았으니 풍파가 심했을 법하다. 그런 가운데 신산업 진출 초창기부터 홍보 업무에 발을 디뎌 세계적인 회사로 성장하는 과정을 같이 했으니 남다른 경험 자산일 수밖에 없다.

무엇보다 저자가 진보 언론이나 시민단체와 적극적으로 교류하고 진보적 가치를 수용하려 애쓴 점은 눈여겨볼 대목이다. 공공선을 추구하는 언론 시민단체는 우리 사회가 나아갈 바를 가리킨다며, 회사 조직의 활동을 그러한 가치 지향에 맞추는 일에 비중을 둔 것이다.

기업 경영진은 대체로 효율과 성과를 중시해 환경 노동 같은 진보적 의제에 알레르기적인 거부감이 있다. 저자는 기업이 지속 성장하려면, 임직원이 자긍심을 갖고 일하려면, 호미로 막을 일을 가래로 막지 않으려면 그러한 기업 문화가 바뀌어야 하며 홍보의 책무 또한 거기에 있다고 강조한다. 저자가 퇴임 뒤 기업이 어떻게 하면 사회의 좋은 구성원이 될 수 있을까하며 ESG 경영 연구를 하게 된 계기이기도 하다. 『홍보 오디세이』는 기업 임직원은 물론 이해 관계자들에게 좋은 나침반이 될 것이다.

■ 조일훈 (한국경제신문 논설실장 겸 편집인)

기자 초년병 시절 출입처를 배정받을 때 선배들로부터 자주 들은 얘기가 있다. "당신은 회사를 대표하는 기자다. 당신이 곧 언론사다. 이 점을 명심하고 출입처에서 당당하면서도 품위있게 활동하라." 그로부터 30여년이 지나고 보니 이런 당부 만큼 기자라는 업(業)의 특성을 잘 설명하는 말도 없다고 생각한다.

기자가 취재활동을 통해 겪는 스트레스와 안팎의 갈등도 따지고 보면 회사를 대표하는 부담감, 책임의식과 떼어놓고 설명할 수 없다. 이른바 낙종을 하면 개인적 불찰의 문제가 아니라 나로 인해 소속 언론사 전체의 위상과 권위가 손상됐다는 자괴감, 독자들에게 양질의 정보를 제 때 전달하지 못했다는 자책에 시달릴 수 밖에 없다.

이런 면에서 보면 기업이나 금융사 홍보맨들도 비슷한 상황에서 일을 한다. 그들도 회사를 대표해 기자들을 접촉한다. 취재활동을 지원하고 안내하는 역할을 하면서도 어디에서 어떤 내부 정보가 튀어나올지 모르는 불확실성에 시달린다. 언론사들이 보도하는 기사는 당연히 언론사와 해당 기자 책임이지만, 해당 기업 입장에선 홍보맨들이 그 보도의 경위와 진위에 책임을 져야 한다. 인터넷 언론의 범람으로 과거보다 언론사와 취재기자들이 훨씬 많이 늘어난 최근 미디어 환경에서도 그 책임은 경감되지 않는다. 기자들이 가끔 자신들을 향해 '극한 직업'이라고 토로하듯이 홍보맨 역시 비슷한 심정일 것이다. 요즘 기업 홍보조직이 내부에서 젊은 인력을 구하지 못해 기자 출신 채용 비중을 늘리는 것도 이런 사정과 무관치 않을 것이다.

내가 필자를 만난 것은 2000년대 중반 현대자동차 그룹을 출입하면서다. 철강산업을 담당하진 않았지만, 철강이 자동차의 전방산업이었기 때문에 공급망과 원가경쟁력 차원에서 관심을 두지 않을 수 없었다. 홍보맨 김경식은 당시 여느 홍보맨들과 남다른 구석이 있었다. 기획업무를 병행한 덕분이었는지 몰라도, 회사 내부 사정 뿐만 아니라 국내외 산업 동향에 무척 밝았고 관련 지식도 풍부했다. 가끔 만나면 공부하고 토론하는 재미가 쏠쏠했다. 은퇴한 뒤에도 고철연구소를 설립해 재직기간 중에 익힌 지식과 전문성을 계속 전파하는 것을 보면서 다른 홍보맨들과 확실히 다른 사람이라는 것을 느꼈다. 이제 자신의 오랜 경험과 식견을 담아낸 책자를 낸다고 하니 반갑고도 흥미롭다.

출간을 진심으로 축하하며 홍보맨들 뿐만 아니라 기업에서 대외 업무를 맡고 있는 많은 사람들에게 일독을 권하고 싶다.

■ 최유식 (조선일보 동북아연구소장, 前 국제부장)

경제·산업을 다루는 기자들은 짧게는 수개월, 길게는 1~2년 단위로 출입처를 옮긴다. 여러 출입처를 거치는 만큼 우리나라 산업 전반에 대한 이해의 폭은 넓어지겠지만 새로 맡는 분야는 아무래도 낯설기 마련이다. 새 출입처를 맡은 바로 그날부터 주요 현안을 다루는 기사를 써내야 하는 다급한 상황을 맞는다. 주어지는 시간도 많지 않다.

이럴 때 해당 산업 분야의 역사와 국내외 현황에 대해 풍부한 식견을 갖춘 홍보 담당자를 만나는 건 행운이라고 할 수 있다. 출입처를 파악하는 데 드는 시간이 줄고 기사 아이디어도 더 많이 얻을 수 있게 된다. 기획통으로 출발해 현대제철의 홍보 책임자가 된 저자는 우리나라 철강산업의 역사와 현황에 대해 누구보다도 깊은 소양과 지식을 갖춘 분이었다.

철강은 흔히 '산업의 쌀'이라고 한다. 자동차에서 조선, 기계, 가전에 이르기까지 우리 주력 산업 대부분이 철강 제품을 필요로 한다. 우리나라 주력산업의 든든한 기반이라고 할 수 있다.

저자가 홍보 책임자로 일한 20년 세월은 한국 철강산업의 격변기였다. 현대제철은 기존 전기로에 이어 고로를 더하면서 포스코에 이어 두 번째 일관제철소를 만들었고, 세계적인 철강기업으로 부상하는 데 성공했다. 포스코가 독점해온 한국 철강산업이 경쟁 체제로 전환한 시기이기도 했다.

철강산업이 경쟁 체제로 바뀌는 과정에서 현대제철은 선발 업체와 치열한 홍보 백병전을 치렀다. 증권시장에서도 막대한 자금이 들어가는 현대제철의 고로 투자에 대해 회의적인 시각을 가진 이들이 적잖았다. 크고 작은 안전사고가 일어나 기업의 위기 대응 능력을 시험받기도 했다.

이 책은 현대제철 홍보 책임자로서 이 시기를 온전히 감당한 저자의 비망록이라고 할 수 있다. 정교한 논리와 풍부한 국외 사례를 제시하면서 공격적으로 난관을 돌파하던 모습이 기억에 남는다.

기업 홍보를 기자 접대 정도로 보는 건 먼 과거의 일이다. 20여년 전부터 이미 기업 경영의 한 축으로 자리를 잡았다. 기업의 존재 가치와 경영 이념을 국민 대중에게 알리고 사회 전반과 소통하는 것이 얼마나 중요한지를 기업인 스스로 체감하면서 홍보 부서의 비중이 커진 것이다. 잘못된 홍보는 큰 손실을 불러올 뿐 아니라 자칫 기업의 성패를 좌우할 수도 있다.

그런 점에서 홍보 책임자로서 현대제철의 격변기를 감당한 저자의 경험과 식견은 우리 기업에 소중한 참고자료가 될 것이라고 생각한다. 기업 경영자와 홍보 담당자는 물론, 커뮤니케이션 분야를 공부하는 학생들에게도 일독을 권한다.

■ 이상렬 (중앙일보 수석논설위원)

홍보(Public Relations)를 줄여서 흔히 PR이라고 한다. PR을 잘하려면 피할 건 피하고, 알릴 것만 알리면 된다고 하는 이들이 적지 않다. 그럴 듯한 설명이지만, 현실은 훨씬 복잡하다. 피할 건 피하고, 알릴 건 알리는 데서 홍보맨과 기자와의 갈등이 싹트기 시작한다. 많은 홍보맨은 회사에 불리하고 좋지 않은 사안을 숨기려 하고, 기자들은 기를 쓰고 파고 든다. 반면 홍보맨이 적극적으로 알리려는 사안은 대개 회사가 잘 하고 있거나 회사에 도움 되는 내용이다. 하지만 언론은 특정 기업을 일방적으로 선전하는 내용을 잘 다루지 않는다. 불리한 것은 감추고 유리한 것은 알린다는 발상은 홍보의 의미와 역할을 너무 축소하고 왜곡하는 것이 된다.

그래서 많은 조직에서 홍보가 어렵다고 한다. 부실한 홍보 대응으로 기업이 치명적인 손실을 입는 경우를 여럿 봤다. 어디 기업 뿐이랴. 정부와 정치권도 대 국민 홍보 부족으로 공들인 정책이 표류하거나 민심 이반을 겪는다.

그러나 이는 역설적으로 좋은 홍보가, 유능한 홍보맨이 기업에, 정부에 반드시 필요함을 의미한다. 성공적인 홍보를 통해 기업은 이미지를 개선하고, 고객과 사회의 신뢰를 얻게 되며, 손에 잡히는 이익과 성과를 창출하기도 한다. 정부와 정치도 마찬가지다.

돌이켜 보면 유능한 홍보맨에겐 '진정성'이란 공통점이 있었다. 기업 홍보팀 직원이든 정부 대변인이든 다들 자신이 속한 조직과 일에 대한 애정과 자긍심이 대단했다. 그리고, 진실했다. 언론과 기자를 신뢰하고 진심으로 대했다. 유리하든 불리하든 정직하게, 최선을 다해 설명했다. 정확하고 공정한 보도는 그들의 헌신을 빼놓고선 이야기할 수 없다.

필자 김경식 ESG네트워크 대표는 대표적인, 유능한 홍보맨이었다. 자사에 유리한 내용만 전하려는 여느 홍보맨들과 달랐다. 철강산업이 우리 사회에 왜 중요한지를 알리려 애를 썼고, 철강산업의 구조적 문제를 깊이 고민했다. 대화는 제조업 전반으로 이어지고, 한국 경제 전반으로 확장되곤 했다.

『홍보 오디세이』엔 유능한 홍보맨이 되는 실질적인 노하우가 담겨있다. 또한, 조직에서 성공하고자 하는 젊은 직장인들의 지침서로도 손색이 없다. 책을 읽다 보면 직장 생활에서 소위 '줄'이나 '백'보다 훨씬 중요한 것이 무엇인지를 알 수 있다.

나의 열정이 조직의 성장으로, 조직의 성장이 사회의 발전과 행복으로 이어지게 하겠다는 건강한 신념이 결국 모든 성공의 출발점이다. 이 책은 그에 대한, 치열한 철강맨이자 유능한 홍보맨의 실천 기록이다.

■ 남기현 (매일경제 편집국 부국장 겸 컨슈머마켓부장)

김경식 ESG네트워크 대표는 무려 세가지 분야 전문가다. 첫째는 홍보, 둘째는 기획, 셋째는 ESG(환경·사회·지배구조)다.

3개 분야 전문가로서의 역량을 한번에 엿볼 수 있는 일화가 있어 소개한다.

2006년 2월의 어느날 저녁이었다. 퇴근 후 집에서 쉬고 있던 나에게 한통의 전화가 걸려왔다. 전화기 너머로 당시 현대제철 홍보 책임자였던 김경식 부장 목소리가 들려왔다.

"남형, 안바쁘면 내 얘기 한번 들어주소. 집 앞으로 가겠소"

기자들은 종종 중요한 취재원의 집 앞에서 밤 늦게까지 취재원을 기다린다. 특종 취재를 위해서다. 이를 업계 용어로 '뻗치기'라 부른다. 이런 '뻗치기'를 기자가 아닌 취재원이 하는건 난생 처음 겪는 일이었다.

우리는 집 앞 치킨집에서 만났다. 생맥주와 치킨을 안주로 얘기를 나눴다. 당시 현대제철은 창사 이래 가장 중요한 이벤트를 앞두고 있었다.

한국에 용광로(고로)를 갖고 있는 철강사는 포스코가 유일했다. 그런데 이 고로를 현대제철이 갖게 된 것이다. 현대차그룹이 자체적으로 쇳물을 뽑아 자동차용 냉연 강판을 만들고 이를 완성차(현대·기아차)에 탑재하는, 원대한 꿈이 실현되기 직전이었다.

모든 언론이 이같은 '쇳물 자립'에 주목하고 있을 때, 김 부장이 의외의 얘기를 들려줬다. "남형, 철강 자립도 중요한데 더 중요한게 있어. 이 얘기를 하려고 보자 한거야."

귀가 솔깃했다. '이건 또 무슨 얘기지?'

김 부장의 설명이 이어진다.

"폐차된 현대차의 철판을 가져다가 현대제철이 재활용하는거야. 폐차의 철판으로 철근 등 또다른 철강제품을 만드는거지."

그렇게 해서 탄생한 것이 '현대차그룹의 자원순환 모델'이었다. 김 부장은 이 개념의 창안자였다. 나는 그해 3월2일자 신문에 이 구상을 기사로 옮겼고, 업계에 큰 반향을 불러일으켰다.

뻗치기를 마다하지 않는 홍보맨으로서의 근성과 철강산업에 대한 전문성, 자원순환모델을 기획한 환경 전문가로서의 면모가 한꺼번에 드러난 에피소드다.

그는 결국 현대제철 중역이 됐다. 지금은 ESG 전문가로서 활약중이다.

또 한가지 배놓을 수 없는게 있다. 그는 전문가 답지 않게 따뜻하고 푸근한 성품의 소유자다. 그래서 기자들의 기억 속에 그는 '영원한 형님'으로 남아 있다.

1부

나는 어떻게 홍보를 하게 되었나

나는 어떻게
홍보를 하게 되었나

2004년 3월 당시 현대차그룹 정몽구 회장은 현대제철에 홍보팀 신설을 지시했다. 그때까지만 해도 현대제철에는 홍보팀이 없었다. 총무팀에 소속된 홍보 담당 직원 두 명이 최소의 필요한 일을 수행하고 있었다. 이런 상황에서 회장의 지시는 경영진을 당황시키기 충분했다. 일정 시간이 지난 후 회장의 지시 배경이 알려졌다. 당시 법정관리로 있던 충남 당진의 한보철강을 인수하기 위함이었다. 한보철강을 인수해서 그 자리에 일관제철소를 건설해야 할 절박한 사정이 있었다.

당시 한보철강은 정경유착의 여파로 1997년 1월 부도 처리된 후 철근 공장만 가동하고 있었다. 이후 몇 차례 매각이 시도되었으나 불발되고 2004년에 다시 매각 절차가 진행되고 있었다.

현대차그룹의 한보철강 인수는 단순한 기업 인수가 아니었다. 한 산업의 지도를 바꾸고 국가 경제를 움직이는 것이었다. 현대그룹 창업자 정주영 회장은 1970년대 초부터 제철소 건설을 추진했다. 그룹 내에 자동차, 조선, 철도차량, 전차, 건설 등 철강재 수요가 많았던 현대는 늘 고급 철강 제품 부족으로 애로를 겪었다. 현대그룹이 필요로 하는 고급 철강재 생산은 철광석과 코크스를 용광로에서 녹여서 만든 순도 높은 제품으로 당시 포항제철(현 포스코)만 생산이 가능했다. 인천제철, 동국제강, 한국철강 등 다른 철강회사들이 생산하는 제품은 고철을 전기로에서 녹인 것으로 순도가 떨어져 주로 건축 자재로 사용된다.

포스코·현대차, 한보철강 인수戰

물러설수 없는 '한 판'

**오늘 입찰의향서 제출 예정
중후산업·日업체들도 참여**

■ 한보철강의 설비현황

구분	생산설비	생산제품	생산능력 (만 t)	가동현황
A지구 (46만평)	봉강	철근	130	95년 1월 준공 (정상가동)
	1열연(박슬래브)	열연코일	180	가동중단
B지구 (74만평)	COREX	용선	150	공사진척도 60% (중단상태)
	제강	SLAB	218	75% (중단상태)
	2열연	핫코일	210	90% (중단상태)
	냉연코일	냉연강판	200	94% (중단상태)

포스코와 현대자동차그룹이 한보철강 인수를 놓고 경쟁을 벌이게 됐다.

지난 97년 부도난 뒤 현재 법정관리 중인 한보철강에 대한 인수의향서가 마감되는 14일 포스코와 동국제강, 현대차그룹의 현대하이스코와 INI스틸이 각각 컨소시엄을 이뤄 인수의향서를 제출할 전망이다. 여기에 작년 말 4500억원을 완납하지 못해 한보철강 인수 직전에 고배를 마셨던 중후산업을 비롯, 동부제강, 세아제강, 한국제강, 일부 일본 업체도 입찰 참여를 추진하고 있다.

포스코는 현대차그룹이 한보철강을 인수하여 철근은 물론, 냉연강판에 이르기까지 철강시장의 점유율을 높여 나가는 것을 우려하고 있다. 포스코로선 국내에서 독점 생산 중인 열연강판 시장을 지키고 냉연강판의 시장점유율(절반 정도)을 유지하기 위해 가만히 앉아 있을 수 없는 입장이다.

반면 90년대 중반 일관제철소 진출을 시도했다가 실패했던 현대차그룹은 포스코로부터 철강 자립도를 높이는 데 한보철강 인수가 매력적인 카드다.

한보철강 당진제철소는 철근을 만드는 A지구와 열연강판·냉연강판 위주의 B지구로 나뉜다. 국내 최고의 설비라는 A지구는 최근 풀가동 중이지만, B지구는 70% 정도를 짓다가 공사가 중단된 상태다.

포스코가 인수에 적극적인 이유는 한보철강의 기업가치가 오름세를 타고 있기 때문. 포스코 이동희 상무는 "2년 전만 해도 철강생산이 과잉이었고 한보철강의 수익성도 없었다"

며 "하지만 최근 철강 경기 호조와 철강재 가격 상승으로 한보의 가치가 달라졌다"고 말했다.

IMF 외환위기 이전에 동국제강과 함께 한보철강 인수를 추진할 당시 인수 호가가 2조원이나 됐지만 현재 5000억원대로 크게 하락한 것도 매력적이다. 반면 현대차그룹의 경우 자동차 생산에 필요한 철강 자립도 높이기가 목적이다. 현대하이스코 관계자는 "우리는 B지구에 있는 자동차용 아연도금 강판 설비에 관심이 많다"고 말했다.

최흥섭기자 hschoi@chosun.com

한보철강 인수 경쟁을 보도한 당시 기사.

포항제철 또한 늘 공급 능력보다 많은 철강재 수요에 시달렸다. 당시 경제가 연 10%씩 지속적으로 성장하다 보니 수입품에 비해 값싸고 품질 좋은 포항제철 철강재는 수요가 많았다. 정부도 이러한 공급 부족을 해소하기 위해 제2제철소 건설을 추진했다. 이를 계기로 현대그룹과 포항제철 간에 제2제철소 인수를 위한 혈투가 벌어졌다. 결과는 포항제철의 승리로 끝났고 그 결과물이 현재 포스코 광양제철소다. 훗날 박태준 회장은 이때의 승리는 여론전에서 이겼기 때문이라고 회고록에 남겼다.(이대환 지음 『박 태준』 409~426쪽 참조)

그동안 현대그룹은 총 네 번에 걸쳐 일관제철 사업 진출을 추진했으나 모두 실패했다. 한보철강 인수 추진은 다섯 번째 도전이었다. 일관제철 사업의 성패는 물류(항만)에 달렸다고 할 정도로 입지 조건이 중요하다. 주원료인 철광석과 석탄, 부원료인 석회석 등의 수입은 물론이고 제품 수출 등으로 수심 깊은 항만이 필요하다. 한보철강이 있던 곳은 제2제철소 추진 시에도 광양과 함께 후보지로 거론되었던 곳이었다. 그만큼 입지 조건이 좋았는데, 한보가 이미 부지 조성을 하고 전기로 철강과 냉연 공장을 운영하고 있었으니 현대가 일관제철소를 건설하기 위해서는 반드시 인수해야 했다.

이러한 역사적 배경과 현실적 필요성으로 인해 현대제철의 홍보팀 신설은 중요한 의미가 있었고 특히 홍보팀장의 미션은 막중했다. 당시에

2008년 10월 20일. 충남 당진군 현대제철 일관제철소 건설현장을 찾은 김형오 국회의장(왼쪽)이 정몽구 현대·기아자동차그룹 회장과 함께 공사 현장을 살펴보고 있다. 오른쪽 두 번째가 필자.

나는 기획팀 소속으로 있으면서 한국철강협회에 파견 근무 중이었다. 파견 기간 중에 회사 복귀와 함께 홍보팀장 명령을 받아 무척 당황스러웠다. 당시만 해도 홍보맨은 오장육부를 떼어서 창고에 맡겨놓고 살아야 할 정도로 힘든 업무였다. 기획팀에서 데이터와 논리로 일하던 습관은 '기자들의 예리한 취재에 두루뭉술하게 대처해야 하는' 기존 홍보맨의 스타일과는 어울리지 않았다. 그렇다고 그룹의 명운을 건 신사업 진출을 위해 팀을 신설하고 기획팀 소속의 나를 발탁한 이유가 있는바, 기존의 홍보 스타일을 답습할 수는 없었다. 적절한 조화를 통한 새로운 홍보맨의 역할이 필요했다.

다행히 유능한 후배들과 정부 기관은 물론 사회 각계의 시민단체와 맺은 인연들, 기존 홍보맨 스타일과 다른 시도를 애정 어린 격려로 지지해 준 기자분들 덕분에 퇴임 때(2020년)까지 홍보 업무를 계속할 수 있었다. 그 사이 회사는 당진제철소를 성공적으로 건설·운영하면서 매출액 2조 6000억 원에서 27조 원의 회사로 성장했다. 이러한 성공은 오늘날 현대자동차·기아가 세계 3대 자동차 회사로 성장하는 데 크게 이바지했다. 인하우스(In House) 제철소를 가지게 됨에 따라 신차 개발에 필요한 자동차 강재 개발 시간을 2년에서 6개월로 단축하게 되었다. 또한 자동차 강판을 비롯한 고급 철강재 공급 경쟁체제는 자동차, 조선, 기계공업, K방산 등 한국경제가 G10으로 성장하는데 크게 기여했다.

〈회사의 성장 = 국가의 성장 = 나의 성장〉이 함께하는 행운을 누렸다. 다만 이러한 성장이 우리 '사회의 성장(발전)'과는 괴리가 있었다. 이러한 괴리는 내가 퇴직 후 'ESG 경영'을 연구하는 계기가 되었다. 이 책을 통해 성장의 과정을 공유하고 괴리의 원인과 해법을 같이 고민해 보고자 한다.

2부

홍보를 위한 첫 여정 – 기자와 친해지기

고객별 맞춤 서비스가
중요하다

홍보 업무를 맡기 전에도 기자와 가끔 접촉할 때가 있었다. 전문적인 업무 분야에 대한 취재가 들어오면 홍보 담당자가 나를 연결해 주곤 했던 것이다. 그때 홍보 담당자가 매번 내게 당부하는 말이 있었다. "절대 기자님의 감정을 상하게 하지 말아 주세요" 하는 신신당부였다. 갑을이란 개념이 별로 없었던 나에게는 그 당부가 잘 이해되지 않았다. 평소 숫자를 근거로 이야기하는 것을 좋아하다 보니 내 설명을 듣는 기자의 감정 상태보다는 데이터의 의미를 이해하는지 표정을 살피는 버릇이 있었다. 취재가 끝난 후, 나의 그런 유쾌하지 못한 면이 아마도 홍보 담당자에게 전달되었을 것이다.

그러나 이제 홍보팀장이 되었으니 나를 중심으로 하기보다 회사를 중심으로 생각하고 행동해야 했다. 나는 스스로 변화를 추구했다. 그 첫 번째로 골프를 치기로 했다. 회사 직원임에도 환경 운동가들과 자주 어울리고 개인적인 후원도 자주 했었는데, 그들과 교류하면서 골프는 반환경적이고 귀족 스포츠라는 인식을 가지게 되었다. 골프장을 만들고 운영하면서 자연을 훼손하고, 엄청난 농약을 뿌리고, 이용 시 비용이 너무 많이 든다는 것을 알았기 때문이다. 그런데 골프를 치면서 골프에 대한 인식도 바뀌게 되었다. 지역에 따라 자연 훼손도 일부 있지만 유용하게 개발하고 활용하는 측면이 더 많았다. 과다한 농약 살포도 실제보다 부풀려진 이유가 있었다. 비용이 너무 비싼 것은 지금도 부담이다. 하지만 철저하게 자신과의 게임이라는 측면에서 골프를 좋아하게 되었다. 또한 긴 시간을 함께 할 수 있어서 복잡한 홍보 현안을 이해시키기에 아주 좋은 운동이었다.

두 번째로 내가 변한 것은 '철저한 을'이 되자는 것이었다. 이는 기자들의 성향을 파악해서 성향별 맞춤 서비스를 하는 것이었다. 고객(기자)이 원하는 바를 충실하게 제공해 주면서 나의 편으로 만들고자 했다. 뒤에 자세히 밝히겠지만 현대제철의 한보철강 인수부터 당진제철소 건설 후 현재까지도 선발회사의 후발주자에 대한 태클은 대단했다. 홍보에 대한 인적·물적 자원(지원)이 절대적으로 부족한 상황에서 거대한 벽과 싸우는 일은 결코 만만한 것이 아니었다. 이럴 때 회사와 언론사 차원의 관계는 대등하기 힘들어도 홍보맨과 기자와의 관계에서만큼은 확실히 내 편으로 만들어야 했다.

구체적으로 나는 언론사와 기자들을 나름의 기준으로 그룹핑해서 그들에게 맞춤 서비스를 하기로 했다. 가장 먼저 중요하게 예우를 한 기자는 철강 전문지 기자였다. 철강 전문지는 언론사라기보다는 동종업계라는 인식이 있었다. 이 점은 두 가지 특징이 있다. 철강회사 경영진은 정보에 대한 보안 의식을 갖지 않고 전문지 경영자와 자주 교류하게 되므로 많은 고급 정보가 흘러 나가게 된다. 자연히 전문지 기자는 많은 정보를 갖게 되고 기자의 본능에 따라 기사화하게 된다. 이들의 기사는 '통신'과 같아서 바로 모든 매체의 기자들에게 전파된다. 이렇게 보도되는 기사는 회사 차원에서 당황하게 하는 게 대부분이다. 특히 중요한 인사이동, 입찰 조건, 가격에

열연강판시장 진출 발판 마련

■ INI · 하이스코 컨소시엄 한보철강 우선협상자에

현대하이스코 車강판 공급부족 해소기대
당진 B지구 1조8,000억 추가투자 필요할듯

27일 한보철강의 자산매각을 위한 우선협상 대상자로 INI스틸 · 현대하이스코 컨소시엄이 선정됨으로써 한보철강은 지난 97년 1월 부도 이후 7년 만에 새 주인을 찾게 됐다. 이번 한보 철강의 매각작업이 예정대로 진행된다면 INI 스틸은 철근분야에서 41% 이상의 점유율을 차지하게 돼 '절대강자'로 부상하게 된다. 또 현대하이스코는 만성적인 자동차용 강판의 공급부족을 메울 수 있는 발판을 마련하는 한편 열연강판 생산을 통해 중장기적으로 고급 열연강판 생산에 도전할 수 있게 됐다.

특히 현대자동차의 주력 납품업체인 하이스코 는 이번 한보철강 인수가 무산될 경우를 대비, 순천공장 옆 부지에 새 공장을 세울 계획을 세워두고 있었으나, 인수에 성공할 경우 현대차 그룹 철강회사들의 전체적인 사업계획에도 변화가 있을 전망이다.

더구나 현대 · 기아차는 중장기적으로 자동차용 강판을 안정적으로 공급받을 수 있게 돼 글로벌 톱5 전략을 수행하기 위한 든든한 원군을 얻은 셈이 된다.

하지만 INI컨소시엄은 우선협상 대상 선정에도 불구하고 공정거래위원회가 시장 독점에 대한 예비조사에 착수한 상황이라 아직 걸림돌이 남아있다.

● 한보철강 매각일지

▲ 97년 1월 부도

▲ 2000년 3월 네이버스 컨소시엄과
　본계약 체결

▲ 2001년 11월 AK캐피탈 CHB스틸 등 응찰

▲ 2003년 2월 AK캐피탈과 본계약 체결
　11월 AK캐피탈 대금 미납(2차 매각 실패)

▲ 2004년 4월 예비적 투자자 10개사 선정

▲ 2004년 5월 27일 INI 컨소시엄
　우선 협상자 선정

INI컨소시엄이 한보철강을 어떻게 활용할 지도 관심이다. 이번에 매각되는 한보철강 당진 제철소는 A지구와 B지구로 구성돼 있고, 95~96년 완공된 A지구에는 연산 115만톤의 철근(봉강)공장과 180만톤의 1열연공장이 들어서 있다.

B지구의 경우 코렉스(계획상 150만톤) DRI 80만톤) 슬라브(218만톤) 2열연(210만톤) 냉연(200만톤)공장의 건설이 부도이후 평균 1년 정도의 잔여공사기간을 남겨둔 상태에서 중단돼 1조8,000억원의 추가투자가 필요한 것으로 업계는 분석하고 있다.

문성진 기자. hnsj@sed.co.kr

한보철강 인수 전에서 포스코와 현대차그룹의 차열한 경쟁 끝에 현대차그룹(INI컨소시엄)이 우선 협상대상자로 선정된 당시 신문 보도.

■ INI 컨소시엄 '한보철강' 인수우선협상 의미

포스코 30년 독주체제 깨져
인수땐 철근 독과점 논란 '복병'

27일 한보철강 매각 우선협상대상자로 아이앤아이(INI)스틸-현대하이스코 컨소시엄이 선정됨에 따라 앞으로 한국 철강산업 판도에 큰 지각변동이 예상된다.

■ 열연코일 경쟁체제=우선 포스코가 30년 동안 구축해온 열연코일 독점체제에 균열이 생긴다. 한보철강은 A지구 180만t(가동 중단), B지구에는 210만(공사 중단) 규모의 열연설비를 갖추고 있어 아이앤아이컨소시엄이 한보를 인수하면 열연코일 생산 능력을 보유하게 된다. 그러나 아이앤아이컨소시엄이 실제로 열연코일을 생산할지는 미지수다. A지구 열연설비 가동은 원자재 가격 등 수익성을 따져봐야 하고, B지구도 △냉연강판만 먼저 생산 △열연강판만 생산 △일관공정 체제(쇳물-슬래브-열연강판-냉연강판으로 이어지는 공정) 가동 등 여러 가능성이 거론되고 있다. 만약 B지구를 일관제철소로 만들 경우, 1조원이 넘는 추가 투자 등 많은 난관이 예상된다.

■ 철근 독과점 논란=업계에서는 아이앤아이컨소시엄의 자금능력이 충분한 점을 들어 한보철강을 최종인수하리라는 전망

이 우세하다. 그러나 '독과점 논란'이라는 복병이 남아 있다. 아이앤아이스틸이 한보를 인수하면 철근시장에서 29.5%였던 시장점유율이 40.3%로 높아지고 1~3위 업체의 합계가 75%를 넘어 경쟁제한대상에 해당되기 때문이다. 공정위가 기업결합승인을 해주지 않을 가능성도 배제할 수 없다.

아이앤아이컨소시엄이 제시한 입찰금액은 9100억원이었으며, 예비협상대상자인 포스코컨소시엄도 같은 가격을 써낸 것으로 알려졌다. 이는 지난해 우선협상대상자였던 에이케이(AK)캐피탈이 제시한 4500억원의 2배에 가까운 수준으로, 두 컨소시엄의 인수 의지가 얼마나 강한지를 짐작케 해준다.

한 철강업계 관계자는 "아이앤아이컨소시엄은 한보철강 쪽이 제시한 조건을 거의 그대로 수용하겠다는 입장이었던 반면 포스코쪽은 이의를 많이 제기했다"고 전했다. 아이앤아이컨소시엄은 △전 임직원 승계 △3년 이상 고용 보장 △아이앤아이스틸 수준의 임금 보장 등을 제시한 것으로 알려졌다.

안선희 기자 shan@hani.co.kr

같은 사안에 대한 경제지(서울경제. 2004.5.28)와 종합지(한겨레신문 2004.5.29)의 관점 차이가 잘 나타나 있다.

관한 정보는 회사에 큰 영향을 미친다. 반대의 경우도 있다. 철강 전문지 기자를 통하면 경쟁사의 동향을 빠르고 정확하게 파악할 수 있다. 이를 잘 활용하는 것도 홍보맨의 능력이다.

철강 전문지 기자들이 팩트 보도에 집중하는 특징이 있다면 경제지 기자들은 경쟁사들을 비교하는 것에 관심이 많다. 자신이 취재한 현대제철 기사가 경쟁사를 아프게 하거나 경쟁사 기사로 현대제철이 아파하는 것에 관심이 있다. 어쩌면 전문지 기자와 경제지 기자는 악어와 악어새 같은 관계다. 전문지 기자의 팩트 보도가 경제지 기자의 경쟁사 간의 비교 기사로 확대되는 경우가 많기 때문이다. 이런 경우를 대비해서 평소 전문지 기자와 쌓은 친분으로 획득한 철강업계 정보를 경제지 기자들에게 선제적으로 잘 서비스하는 것도 중요하다. 한편 경제지 기사는 산업통상자원부, 환경부 등 행정부에서 산업·기업 관련 지원이나 규제하는 데 상당한 영향력이 있으므로 평소 관련 정보(기사)가 잘 축적되도록 해야 한다.

종합지 기자들은 기업과 산업의 관계를 중시한다. 예를 들어서 전문지 기자가 현대제철이 어떤 신설비 투자를 한다고 보도하면, 경제지 기자들은 그 설비로 인한 경쟁사와의 관계나 영향력이 어떻게 변하는지에 관심이 있다. 종합지 기자들은 그러한 설비투자가 전후방 연관산업과 국제교역에 미치는 영향에 관심을 가지게 된다. 그리고 종합지 기자들은 취재 범위가 넓어서 전문지나 경제지 기자만큼 개별 기업의 일상에는 관심을 두지 못한다. 따라서 종합지 기자에게는 이런 측면을 감안한 서비스가 필요하다. 나는 매주, 매월 단위로 철강 관련 국내외 동향과 경쟁사 동향을 업데이트해 관심 있는 종합지 기자에게 제공했다. 이런 정보를 통해 바쁜 기자는 그 산업이나 기업의 정보에 물먹지 않으면서 흐름을 파악할 수 있고, 또 경우에 따라서는 그런 동향 보고를 넓은 시야에서 들어오는 산업이나 국제동향과 연계해서 활용하기도 했다. 당연히 그런 기사는 우리에게 유익한 기사가 된다. 이러한 종합지 기사는 입법 사항이나 국정감사 같은 국회의 협조가 필요한 경우에 유용하게 활용되므로 잘 관리해야 한다.

다음으로 큰 그룹은 방송기자다. 방송 보도의 특징은 시대 이슈(관심사)와의 연관성과 TV 화면용 그림이 따라주느냐가 중요하다. 이러한 요인이 맞으면 방송은 신문보도가 나간 후에 취재가 들어온다. 따라서 방송 보도는 신문보다 협조가 어렵기도 하고 쉽기도 하다. 홍보맨은 늘 회사와 시대 이슈의 연관성에 관심을 두고 대비해야 한다.

지금까지 전문지, 경제지, 종합지, 방송을 중심으로 기자와 친하게 된 것을 소개했다. 그런데 현실은 꼭 그렇게 구분이 되는 게 아니다. 특히 요즘은 인터넷 언론이 많아졌고 모든 언론이 속보 경쟁을 벌이고 있다. 속보 경쟁은 차별화된 정보를 바탕으로 하다 보니 추측성이 난무하게 되고 이는 더 큰 추측을 불러오기도 한다. 따라서 다양한 매체별 특성에 맞는 서비스 전략이 더 중요해졌다.

매체별 특성에 맞는 서비스 전략

철강 전문지 기자들이 팩트 보도에 집중하는 특징이 있다면

경제지 기자들은 경쟁사들을 비교하는 것에 관심이 많다.

종합지 기자들은 기업과 산업의 관계를 중시한다.

방송 보도의 특징은 시대 이슈(관심사)와의 연관성과

TV 화면용 그림이 따라주느냐가 중요하다.

기자의 DNA에
맞춰야 한다

정보는 '정(情)에 대한 보답'이다. 언론사별 특성이 있다면 각 기자별 특성도 있다. 이게 더 중요하다. 경쟁사보다 인적·물적 자원이 열악한 상황에서 기자들과 친하기 위해서는 각 기자들의 특성에 맞는 서비스(情)를 제공해야 했다. 그것도 경쟁사보다 더 잘해야만 했다. 홍보맨 초기 시절 나를 잘 지도해 준 언론인이 많았다. 그분들의 말씀을 종합하면 기자의 기사화 영향력은 기자 50%, 데스크 30%, 언론사 20% 정도로 구분할 수 있다고 한다. 십수 년의 경험에 의하면 이 구분은 상당히 일리가 있다.

기자들은 독특한 DNA가 있다. 개성 있는 엘리트들이 모인 직업에서 나온 집단적 DNA다. 우선 자존심이 강하다. 자기가 제일이다. 또 그렇게 훈련도 시킨다. 홍보를 처음 하던 때 한국일보 사회부의 수습기자 훈련 방식에 관한 얘기를 자주 들었다. 어떤 상황에서도 권력에 굴하지 않도록 다양한 방식으로 훈련을 시킨다고 한다. 1970년대부터 80년대 초까지 한국일보는 조선·중앙·동아일보를 가장 괴롭히는 신문이었다. 조선일보 방우영 고문의 자서전 제목이 『나는 아침이 두려웠다』였다. 아침마다 한국일보 1면 톱 제목을 의식했기 때문이다. 그러한 훈련 방식은 많은 언론의 수습기자 훈련에 활용되었다. 자존심 강한 사람이 기자가 되고 이런 훈련을 통해 더 강한 자존심을 갖게 된다. 자존심과 관련된 몇 가지 사례를 소개한다. 이 사례들은 나로서는 많은 희생과 비용이 지불된 사례다.

　　독특한 DNA를 가진 기자들을 내 편으로 만들기 위해서는 그에 맞는 예우를 해줘야 한다. 기자의 자존심을 상하게 하는 가장 쉬운 예는 '당신의 상사와 내가 친하다'라고 하는 것이었다. 학연, 지연 등으로 얽힌 사회에서 통상적으로는 상대의 상사와 친한 것은 좋은 편의를 제공해 준다. 그러나 기자들은 전혀 그렇지 않았다. 흔히 있는 실수의 한 예다. 홍보 이슈 대응을 하다 보면 특히 마감 시간이 있는 방송과 신문의 경우 해당 기자를 거치지 않고 데스크나 경영진과 바로 통화를 해서 수정을 요청할 때가 있다. 이런 경우 담당 기자를 거치지 않은 민원은 반영도 잘 안되고, 그 후과는 각오해야 한다.

　　다음은 기자를 물 먹이는 경우다. 특정 정보를 일부 친한 기자에게

만 알려서 기사화하면 이를 몰랐던 나머지 기자들이 열을 받게 된다. 문제는 회사가 고의로 그렇게 하는 것이 아니라 바쁘거나 게으른(?) 기자들이 스스로 해당 정보(취재력)에서 소외되는 경우다. 그렇지만 결과적으로 그 기자는 회사가 고의로 자기에게 물을 먹였다고 생각하게 된다. 어떤 경우는 아닌 줄 알면서도 다음을 위해서 그렇게 우격다짐을 해놓기도 한다. 이런 경우를 대비해서 그럴만한 기자에게는 미리 귀띔을 해주면 그 기자는 내 팬이 된다.

　　기자는 비교당하는 것을 싫어한다. 회사에서 큰 행사를 하게 되면 출입 기자단 전체를 초청할 때가 있다. 이런 행사를 할 때면 회사는 다양한 취재 편의를 제공해야 한다. 현장으로 가는 교통편과 식사는 물론이고 취재를 지원하는 보도자료와 부속 자료들을 제공해 줘야 한다. 그리고 행사가 마무리되면 선물을 드리고 귀가 때까지 편의를 제공해야 한다.(참고로 김영란법이 있기 전이다) 기자들은 소속된 매체의 특성에 따라 다양한 요구를 하게 된다. TV 기자의 경우 방송용 화면과 관계자 인터뷰를 주선해 줘야 한다. 먼저 귀경해야 할 기자들에게는 교통편을 별도로 제공해 줘야 한다. 이런 요구사항은 좀 불편하지만 제공해 주면 된다. 문제는 차별화된 팩트 제공을 요구받는 경우다. 기자가 현장 취재를 가면 각 언론사 데스크는 반드시 지시를 한다. '제목 거리 좀 따로 취재하라!' 이러한 요구에 잘못 대응하게 될 경우, 한 언론을 만족시킬 수 있지만 다른 언론을 적으로 만드는 상황이 초래된다. 다른 매체(기자)와 차별을 해서도 안 되고 차별받는 느낌을 줘서도 안 된다. 다른 기자를 물 먹이는 것과 같은 이치다. 그런데 현실적으로 기자들은 차별화된 대우를 원한다. 특종 기사를 좋아하고 특별히 자기만을 위한 예우를 좋아한다. 배고픈 건 참아도 배 아픈 건 절대 못 참는 게 기자다. 그래서 차별받는 것을 극도로 싫어한다.

이러한 까칠하고 양면적인 성향은 홍보맨을 당황하게 만든다. 그러나 이러한 상황을 역으로 잘 이용하는 것이 진정한 홍보맨이다. 많은 고민 끝에 내가 택한 첫 번째 방법은 조사분석 자료 제공이었다. 기획팀에서 10년 이상 훈련을 받았던 관계로 '산업조사→회사 영향 분석→대책 강구'를 하거나, '목표 설정→현상 진단→달성 전략 수립'과 같은 업무는 익숙한 일이었다. 또한 경쟁사의 재무제표를 분석해 특징을 정리하는 일도 익숙한 일이었다. 이러한 다양한 분석 자료를 기자들 성향(특성)을 고려해 적절하게 알려주었다. 이는 관심 있는 기자들에겐 좋은 취재거리가 되고 그렇지 않은 기자들에게도 재미난 만남의 시간이 되었다.

차별화를 원하는 기자들에게 차별화된 이야기를 해주면서 다른 기자들을 물 먹이지 않기 위해 노력한 또 하나의 방법은 '독서'였다. 문학작품, 인문학, 경제사, 지정학, 환경생태경제 같은 분야의 책을 집중적으로 읽었다. 그러한 독서를 회사, 산업, 사회 현상과 연계해서 이야기를 나눴다. 바쁜 기자들이 평소 들어보지 못한 이야기이므로 만남의 시간이 즐겁

많은 고민 끝에 내가 택한 첫 번째 방법은

기자들에게 조사분석 자료를 제공하는 일이었다.

기획팀에서 10년 이상 경력을 쌓았기 때문에,

경쟁사의 재무제표를 분석하는 일은 익숙한 일이었다.

그렇게 다양한 분석 자료를 기자들에게 알려주었다.

관심 있는 기자들에게는 취재를 위한 좋은 소재가 되었고,

그렇지 않은 기자들에게도 재미난 만남의 시간이 되었다.

고 그러는 동안 기자가 관심 있어 하는 회사 이야기는 잊히게 된다. 단, 여기서 조심할 것은 '기자를 가르친다'는 느낌이 들지 않도록 해야 한다. 늘 겸손한 자세로 상대의 지적(정보) 욕구를 채워줘야 한다.

내가 주로 상대했던 기자들은 철강산업을 담당하는 산업부 소속이거나 환경·중대재해를 담당하는 사회정책부 기자들이었다. 나중에 대외업무로 확대되면서 정부 부처를 출입하는 경제부와 국회를 출입하는 정치부 기자도 만나게 되었다. 기업을 상대하는 산업부는 권력의 압력이 거의 없지만 경제부나 정치부는 각종 권력의 압력을 받게 된다. 고위 관료든 권력의 실세든 이들을 상대로 주눅 들지 않고 국민의 알권리를 위해 당당하게 취재하고 기사화하는 것은 그들이 가진 DNA 영향이 크다.

취재를 당해본 사람 입장에서는 야속하고 분노가 충만할 때가 한두 번이 아니다. 그렇지만 사회 정의를 위해서 공익을 위해서 기사화하는 것들이 우리 사회를 발전시켰다고 본다. 회사가 감추고 싶은 사항을 꼼꼼히 취재한 데이터를 엮은 논리로 보도할 때는 아프지만 받아들일 수밖에 없다. 그런 아픔 덕분에 회사도 더 빨리 바른 궤도를 가게 되고 기회비용도 줄이게 된다. 그만큼 기업의 사회 기여도도 높아진다.

김경식 대표의 개인 연구소인 고철연구소 모습. 그는 이 연구소에서 독서를 하고 방문객을 맞이 한다. 사진 속의 철조각품
은 철 자원의 무한한 순환성을 표현한 세계적인 철 조각가 윤성필 님의 작품 〈ENERGY 19〉다.

최고의 홍보맨
정몽구 명예회장①

요즘 각종 논란으로 언론에 자주 등장하는 E, C, S 를 보면 안타까운 생각이 든다. 언론 보도에 의하면, 회사가 급성장하는데 내부 관리 시스템은 이를 따라가지 못한 결과라고 한다. 이러한 상황이 벌어지면 홍보팀이 엄청나게 힘들어진다. 우선 기자들의 취재 경쟁은 벌어지는데 이때다 하고 내부자들이 언론에 많은 제보를 하게 된다. 그중에는 고위 임원들이 뭔가 나름의 의도를 가지고 은밀히 흘리는 정보도 많다. 나는 실제로 이런 일을 많이 겪었다. 현대제철은 경험해 보지 못한 일관제철소를 건설하느라 2004년부터 2010년 사이 많은 외부 인사를 고위 임원으로 영입했다. 이들 영입 인사들 중 극히 일부가 고급 정보를 흘려서 사내 다른 조직(임원)을 흔들어버린 일이 자주 있었다. 회사가 급성장할수록, 영입하는 고위 임원이 많을수록, 회사가 흔들릴수록 정보는 더 많이 유출된다. 이런 취재에는 홍보팀이 구체적인 내용을 잘 모르므로 제대로 대응할 수가 없다. 또 내부 확인도 잘 안된다. 그런데 제보를 못 받은 다른 기자들은 그에 걸맞은 정보를 달라고 아우성친다.

내부 제보→특종→취재 경쟁→미확인 추측성 보도 확산→CEO 격노→조직 균열→홍보팀 질타→회사 약점 노출→홍보팀의 내외부 신뢰 저하→제보 증가로 이어진다. 이럴 때 누군가 이 악순환의 고리를 끊어줘야 한다. 그런데 이를 할 수 있는 사람은 최고 책임자(오너) 밖에 없다. 오너 회장은 보도된 기사로 홍보팀을 질타할 것이 아니라 내부자 색출을 해야 한다. 그리고 필요시 직접 기자단과 스킨십을 해줘야 한다. 홍보팀장의 중요한 역할 중 하나도 오너와 기자단과의 이런 기회를 만들어 주는 것이다. 참고로 주의할 것은 절대로 특정 매체와 단독으로 인터뷰 기회를 주면 안된다. 이는 다른 매체들을 적으로 만드는 일이 된다.

정몽구 회장(사진 가운데)은 당진제철소에 오면 늘 현장을 순시하고 직원들을 격려할 뿐만 아니라 언론보도용 새 소식을 공개했다. 사진 왼쪽은 당진제철소장 우유철 사장.

이러한 측면에서 볼 때 최고의 홍보맨은 '회장님'이다. 우선 기자들은 회장과 인터뷰하는 기회를 늘 갈망하고 있다. 그리고 온갖 추측성 보도가 난무할 때 회장이 기자들을 상대로 메시지를 주면 혼란은 급격히 안정된다. 일부 임원들의 일탈적인 제보 행위도 사라지게 된다.

나의 경험과 듣고 본 바에 의하면 최고의 홍보맨은 현대차그룹 정몽구 명예회장이다. 현대제철이 한보철강을 인수하고 일관제철소 건설을 '공식 보도자료'로 발표한 것은 2005년 5월 19일이었다. 그 전 해인 2004년 5월 29일 한보철강 인수 우선협상대상자로 선정되자 많은 언론이 그 자리에 제철소를 건설할 것으로 예상했다. 자동차와 철강 출입 기자들이 집요하게 취재했다. 그러나 회사는 이를 공식적으로 인정하지 않았다. 이유는 간단했다. 우선협상대상자로 선정은 되었지만 공식 인수, 기존 공장 정상화, 일관제철소 원·부재료 조달 가능성, 건설·운영기술 및 인력 확보 등 해결해야 할 과제가 산적해 있기 때문이다. 이런 때 섣불리 선언했다가는 국내외 경쟁사의 방해 공작과 경기 상황에 따른 금융권의 동향을 가늠할 수 없기 때문이다. 더구나 당시는 자동차용 강판 소재인 핫코일 수급으로 2000년부터 현대차(현대하이스코)와 포스코 간에 소송이 진행 중이었다.

현대제철은 2004년 9월 24일 채권단의 동의로 한보철강 인수를 마

정몽구회장 "高爐건설… 고품질 철강 생산"

현대차, 종합 철강사업 진출

'포스코 독주체제' 철강업계 판도변화 예고

정몽구(鄭夢九) 현대차그룹 회장은 고로(高爐)를 지어 쇳물에서 열연·냉연강판을 종합적으로 생산하는 일관제철소 사업에 진출하겠다고 선언했다. 재계에서는 정 회장이 자동차사업 성공의 자신감을 바탕으로 숙원이던 종합 철강사업에 나서는 것으로 평가하고 있다.

정 회장은 21일 당진제철소를 방문한 자리에서 "고품질의 철강제품을 생산하기 위해 고로 사업 투자를 적극 검토하겠다"고 밝혔다. 정 회장은 고로 투자의 시기나 규모에 대해서는 언급하지 않았다.

고로란 높이 솟은 거대한 용광로를 가리키며, 여기에서 철광석을 녹여 쇳물을 생산한다. 국내에선 포스코만이 고로를 갖춘 일관제철소를 운영하고 있다.

정 회장은 "현재 자동차 엔진의 캠샤프트 부품 등을 만들기 위해 일본에서 중간 철강재를 수입해 쓰고 있다"면서 "(고로를 설립해) 독자적으로 고품질의 철강재를 조달하지 않고는 세계 최고 품질의 자동차를 생산하기 어렵다"고 말했다.

이어 정 회장은 "당진제철소를 조기에 정상화해 세계 8위 철강그룹으로 도약하겠다"고 비전을 제시했다.

정 회장의 이날 선언에 따라 현재 국내 유일의 일관제철소인 포스코로부터 기초 철강재를 공급받고 있는 관련 업계에 판도 변화가 예상된다.

현대차그룹은 당진제철소 정상화 시기를 오는 2007년으로 잡고 있다. 당진제철소가 정상 가동되면 현대차그룹 철강 계열사의 연간 생산량은 INI스틸 1270만t, 현대하이스코 500만t, BNG스틸 30만t 등 총 1800만t으로 늘어나 세계 8위(생산량 기준) 철강기업으로 성장할 전망이다.

당진제철소를 공동 인수한 INI스틸과 현대하이스코는 당진제철소의 정상화를 위해 2조원을 투자하고, 3000명의 직원을 신규 채용키로 했다.

정몽구 회장은 90년대 중반에도 아버지인 고(故) 정주영(鄭周永) 회장과 함께 경남 하동에 일관제철소를 건설할 계획을 세웠으나 YS 정부의 심한 견제에다 IMF 외환위기마저 겹쳐 포기한 적이 있다.

김종호기자(블로그)tellme.chosun.com

21일 INI스틸 당진공장을 방문한 현대차그룹 정몽구 회장(오른쪽)이 당진공장장 이광선 전무(왼쪽)와 함께 제1열연공장을 둘러보고 있다. 옌합

정몽구 회장은 지난 2004년 10월 21일 한보철강 인수 후 처음으로 현장을 방문하고 일관제철소 추진을 공개했다. 당시 조선일보 보도

무리했다. 그리고 약 한 달 뒤인 10월 21일 정몽구 회장은 당진공장을 첫 방문했다. 자동차와 철강 출입 기자들을 대거 당진공장으로 초대했다. 정몽구 회장은 특유의 스타일로 메시지를 전달했다. 정 회장은 공장에 오면 몇 시간 동안 현장 순시를 하면서 청소 상태, 조명, 설비 등을 점검하고 반드시 근로자들과 악수하고 격려한다. 이날은 공장 순시에 앞서 기자들이 일관제철업을 다시 추진할 것이냐는 질문을 하자 "부담이 많다, 자동차 부품에는 철이 매우 중요하다. 중간 소재는 일본에서 대부분 수입한다. 자동차용 강판을 제대로 공급받기 위해서는 연관 사업에 진출해야 한다"라고 강조했다. '연관 사업'이라고 했지 '고로(高爐)'라고 분명히 못 박지는 않았다. 현장이 시끄러워서 몇몇 기자들만 들었다. 회장이 순시를 마치고 오자 기자들이 다시 확인 질문을 했다. 회장은 "(왜 말귀를 알아듣지 못하느냐는 투로) 고로를 한다"라고 힘주어 강조했다. (김성홍·이상민 기자 『정몽구의 도전』 137쪽 참조)

오랫동안 홍보팀을 힘들게 했던 일관제철소 추진 비밀 유지는 이렇게 정몽구 회장 특유의 현장 메시지로 공개되었다. 이날을 계기로 이제 갓 구성된 홍보팀도 기자단과 친밀해졌다. 대(大) 그룹 회장이 직접 일선 출입 기자들과 몇 시간을 같이 스킨십하는 회장은 정몽구 회장이 유일했다.

당연히 기자들의 인식도 우호적이게 된다.

2013년, 현대제철 60년 사사(社史)를 제작하면서 한보철강 인수를 시작한 2004년부터 고로 3기가 완공된 2013년까지 10년간 주요 홍보 행사를 정리해 보았다. 모든 언론사를 대상으로 배포한 일관제철소 관련 보도자료가 총 33회였다. 이 중 출입 기자단 전체 초청 행사가 15회였다. 정몽구 회장은 이때 항상 기자들과 스킨십을 했다. 기자단 초청은 없었지만 나머지 15회도 전 언론사를 상대로 보도자료를 배포했다.

2008년~2009년 전 세계적인 금융위기로 해외는 물론 국내도 대부분의 대형 투자가 중단되었다. 금리가 상승하고 자금 롤오버(연장)가 불투명해졌다. 그런데 현대제철은 정몽구 회장 지시로 2008년 6회, 2009년 3회에 걸쳐 일관제철소 건설 현황 보도자료를 배포하고 기자단도 3회 초청했다. 이 시기 총 12조 원에 달하는 국책사업 규모의 현대제철 일관제철소 투자가 중단 없이 진행된다는 뉴스는 국민들의 불안감을 해소하게 하는 효과가 있었다.(참고로 인천공항은 7조 5000억 원, 서해안고속도로는 4조 8천억 원이 투자되었다.) 그런데 당시 회장님 대면 보고자들에 의하면 정몽구 회장은 실제로 그렇게 말씀하셨다고 한다. '현대제철 일관제철소=고급 철강 소재 경쟁체제=자동차·조선·기계산업 등 국가 기간산업 경쟁력 기여=고용창출=부가 가치 창출'이라는 확고한 철학이 있었다.

홍보팀 업무는 많은 어려움과 희생을 요구한다. 그렇지만 지향하는 가치를 조직의 리더와 함께 실행할 수 있는 홍보는 최고의 만족감을 준다. 그래서 힘들었지만 행복했고 보람되었고 자랑스러웠다.

현대제철 60년 사사 편찬을 담당한 홍보팀 직원들과 함께.

최고의 홍보맨
정몽구 명예회장②

2008년 5월 30일 금요일 아침 현대차 홍보실장 K 부사장이 차 한잔 하자고 연락이 왔다. 당시 현대제철 홍보팀은 양재동 현대차 사옥 서관 14층에, 현대차 홍보실은 2층에 있었다. 방에 들어서자 부사장은 두툼한 손으로 내 손을 덥석 잡으면서 "김 부장, 참 미안하네. 일은 김 부장이 다 했는데 칭찬은 내가 받았어"라며 정몽구 회장의 말씀을 전해주었다. "현대제철이 기획한 오늘 아침 OO경제신문을 보시고 회장님께서 '그래, 홍보는 이렇게 하는 거야!' 하시면서 아주 기뻐하셨네. 그리고 내가 직접 가서 회장님의 감사 인사를 전하라고 하셨네. 또 비서실장(K 전무)을 불러서 내가 제대로 했는지 확인 후 보고하라고까지 하셨네." 평소 회장님께서 언론에 대한 이해가 깊고 통이 크신 줄은 알았지만 이렇게까지 격려를 해주실 줄은 몰랐다.

이 일이 있기 10여 일 전, OO경제신문 산업부 U 부장으로부터 현대제철 단독으로 8면 특집을 만들자는 제안을 받았다. 8면 중 2개 면은 현대차 그룹의 광고를 게재하고 6개 면은 통으로 기사를 게재하자는 제안이었다. 일관제철소 건설이 한창 진행 중이므로 뉴스거리는 많았지만 어떤 기사를 어떤 제목으로 뽑느냐가 중요했다. 당시 상황은 선진국들은 2007년 서브프라임 모기지 사태 영향으로 금융·실물 시장이 타격을 받고 있었지만, 한편으로 중국이 세계 원자재 시장을 잠식한다는 포비아가 있었다. 또한 경쟁사는 창립 40주년을 맞아 다가올 일관제철 경쟁 시대에 대비해 자사의 상대적 우위를 적극적으로 홍보하고 있었다. 따라서 원자재 확보도 잘하고 있다, 금융위기에도 흔들림 없이 투자를 계속한다, 지역사회와 함께한다는 내용으로 6개 통면 기사를 채울 수 있었다.

문제는 1면 기사였다. 정몽구 회장의 철강 사랑을 잘 녹여야 했다. 스트레이트 기사가 아니라 감동의 스토리가 필요했다. 스토리를 담당한 A기자와 회장의 철강에 대한 비전, 집념, 애정, 노력을 공유했다. 조금 길지만 전문을 소개한다.

지난 3월 말 충남 당진의 현대제철 일관제철소 공사 현장을 찾은 정몽구 현대·기아자동차그룹 회장은 건설 현황을 꼼꼼히 점검하고 직원들과 식사를 함께 했다. 당초 공장 방문 일정은 이날 오후까지. 정 회장은 비가 쏟아지기 시작하자 스케줄을 변경했다. 공사 현장의 안전대책을 직접 확인하기 위해 공장에서 아예 하룻밤을 보내기로 한 것. 현장의 직원들은 공장 내 기술연구소에 임시 숙소를 마련했지만 정 회장은 다음 날 새벽까지 현장 곳곳을 둘러보느라 거의 눈을 붙이지 않았다. 정 회장이 '무박 2일' 일정으로 국내 사업장을 점검한 것은 최근 수년간 없던 일이다.

당진공장을 찾은 것은 그해 들어서만 벌써 10차례나 되었다. 한 달에 두세 번꼴이다.[1] 누구보다 현장을 중시하는 정 회장의 스타일을 감안하더라도 잦은 발걸음이다. 정 회장의 잦은 당진행은 세계 최고의 자동차 그룹을 일궈내겠다는 집념으로부터 비롯되었다. '쇳물에서 자동차까지'로 요약되는 그룹의 수직계열화는 정 회장의 오랜 숙원이다. 현대·기아차그룹이 한 단계 더 도약하려면 고품질의 철강 제품 확보가 필수적이라는 말을 임직원들에게 틈날 때마다 강조한다.

올 초 당진공장을 찾은 정 회장은 500여 명의 임직원을 한자리에 불러 자신의 지론을 직원들에게 설파했다. "좋은 차는 좋은 품질에서 시작됩니다. 또 자동차 품질은 강판이 결정합니다. 여기에 계신 여러분이 현대·기아차그룹의 미래를 열어가는 버팀목입니다."

현대·기아차그룹은 자회사인 현대하이스코를 통해 자동차 강판을 주로 공급받는다. 그러나 현대하이스코는 자동차 강판의 원재료인 열연강판(핫코일)을 해외에서 조달해야 한다. 항상 국내외 업체에 손을 벌려야 한다. 현대제철도 아직은 고철을 녹여 철강 제품을 만드는 '전기로(電氣爐)' 업체에 머물러 있어 핫코일 공급에 한계가 있다. 외부 의존도가 높다 보니 마음에 맞는 자동차 강판을 구하기 힘들다.

"쇳물을 직접 뽑아낼 수만 있다면…."

현대·기아차그룹의 오랜 숙원을 해소할 수 있는 해법

이 바로 당진 일관제철소다. 일관제철소가 완공되면 현대·기아차만을 위한 '맞춤형 자동차 강판'을 만들 수 있게 된다. 정 회장의 당진 일관제철소에 대한 관심은 원재료 확보 과정에서도 그대로 드러난다. 호주의 BHP빌리턴과 브라질의 발레 등 광산업체와 장기 공급 계약을 맺을 때마다 자리를 함께했다.

당진 일관제철소에 대한 투자가 본격화되면서 당진 지역 경제도 꿈틀거리고 있다. 5조 8400억 원[2]이 투자되는 건설 과정에서 7만 8000개의 일자리와 13조 원의 생산 유발 효과가 기대된다. 유입 인구가 늘어난 데 힘입어 시(市) 승격은 시간문제. 정 회장은 조만간 또 당진을 찾을 것이고, 누군가에게 어김없이 꼼꼼한 지시를 내릴 것이다. 그러나 현대제철 임직원들은 회장이 현장을 찾아 이런저런 지적을 할 때마다 '에너지'를 받는다.

현대제철 관계자는 "매출 규모만 놓고 보면 현대제철의 그룹 내 순위가 현대차와 기아차, 현대모비스에 이어 4위지만 위상은 그보다 훨씬 높다"라며 "회장께서 관심을 가질수록 직원들의 사기도 높아진다"라고 말했다.

　- A 기자

---

1) 이후 2010년까지 정몽구 회장의 현장 방문은 주 4~5회로 늘어났고, 토·일요일은 상주를 했다.
2) 이 당시는 일관제철소 투자를 고로 2기 연산 700만 톤으로 시작했으나, 최종적으로는 고로 3기 연산 1200만 톤, 총 투자금액 12조 원이 되었다.

한경 스페셜　**Global Leading Company** H현대제철

"쇳물이 자동차 경쟁력의 원천"

MK의 끝없는 '철강 사랑'

지난 3월 말 충남 당진의 현대제철 일관제철소 공사 현장을 찾은 정몽구 현대·기아자동차그룹 회장은 건설 현황을 꼼꼼히 점검하고 직원들과 식사를 함께 했다. 당초 공장 방문 일정은 이날 오후까지. 정 회장은 비가 굵어지자 시작했다가 스케줄을 변경했다.

공사 현장의 안전대책을 직접 확인하기 위해 공장에 아예 하룻밤을 보내기로 한 것. 현장의 직원들은 공장 내 기술연구소에 임시 숙소를 마련했지만 다음날 새벽까지 현장 곳곳을 둘러보느라 거의 눈을 붙이지 않았다.

정 회장이 '무박 2일' 일정으로 국내 사업장을 점검한 것은 최근 수년간 잦았던 일이다. 당진공장을 찾은 것은 들어서면 벌써 10차례나 된다. 한 달에 두세 번씩이다. 누구보다 현장을 중시하는 정 회장의 스타일을 감안하더라도 잦은 발걸음이다.

정 회장의 잦은 당진행은 세계 최고의 자동차그룹을 일궈내겠다는 집념으로부터 비롯됐다. '쇳물에서 자동차까지'로 요약되는 그룹의 수직계열화는 정 회장의 오랜 숙원이다. 현대·기아차그룹이 한 단계 더 도약하려면 고품질의 철강제품 확보가 필수적이라는 많은 임직원들에게 끊임 때마다 강조한다.

올초 당진 공장을 찾은 정 회장은 500여명의 임직원을 한자리에 불러 자신의 지론을 직원들에게 설파했다. "좋은 차는 좋은 품질에서 시작됩니다. 또 자동차 품질은 강판이 결정합니다. 여기에 계신 여러분이 현대·기아차그룹의 미래를 열어가는 버팀목입니다."

현대·기아차그룹은 자회사인 현대하이스코를 통해 자동차 강판을 주로 공급받는다. 그러나 현대하이스코는 자동차 강판의 원재료인 열연강판(핫코일)을 해외에서 조달해야 한다. 현대제철도 아직은 고철을 녹여 철강제품을 만드는 '전기로(電氣爐)' 업체에 머물러 있어 핫코일 공급에 한계가 있다.

외부 의존도가 높다 보니 때로는 맞는 자동차 강판을 구하기 힘들게 된다. "쇳물을 직접 뽑아낼 수만 있다면…." 현대·기아차그룹의 오랜 숙원을 해소할 수 있는 해법이 바로 당진 일관제철소다. 일관제철소가 완공되면 현대·기아차만을 위한 '맞춤형 자동차 강판'을 만들 수 있게 된다. 정 회장의 당진 일관제철소에 대한 관심은 원재료 확보 과정에서도 그대로 드러난다. 호주의 BHP빌리턴과 브라질의 발레 등 광산업체와 장기 공급 계약을 맺을 때마다 자리를 함께 했다.

당진 일관제철소에 대한 투자가 본격화되면서 당진 지역경제도 꿈틀거리고 있다. 5조8400억원이 투자되는 건설 과정에서 7만8000개의 일자리와 13조원의 생산 유발 효과가 기대된다. 유입 인구가 늘어난 데 힘입어 시(市) 승격은 시간 문제다.

정 회장은 조만간 또 당진을 찾을 것이고, 누군가에게 여김없이 꼼꼼한 지시를 내릴 것이다. 그러나 현대제철 임직원들은 회장의 현장을 찾아 이런 지적 지켜을 할 때마다 '에너지'를 얻는다. 현대제철 관계자는 "매출 규모만 놓고 보면 현대제철의 그룹 내 순위가 현대차와 기아차, 현대모비스에 이어 4위지만 위상은 그보다 훨씬 높다"며 "회장의 관심을 가질수록 직원들의 사기가 높아진다"고 말했다.

전재하 기자 vaccol@hankyung.com

현대제철 경영실적 추이

(억원)

매출액

2006년	'07년	'08년
54,912	73,838	101,462

(억원)

영업이익

2006년	'07년	'08년
5,917	6,606	8,528

※2008년은 증권업계 예상치

2009년 9월 2일 당진제철소 첫 원료 입하식 행사. 이날 정몽구 회장의 표정은 제철소 건설 시작 후 가장 평안한 모습으로 알려졌다.

이 사건(?)은 언론계에 엄청난 화제가 되었다. 다른 언론사의 유사한 특집 제안이 쇄도했다. 회장이 언론의 중요성을 알고 실제로 통 크게 격려한다는 것은 그룹과 현대제철에 대한 언론사의 우호적인 분위기를 만들어 줬고, 홍보팀에게도 큰 힘이 되었다.

그룹 내에서도 큰 화제가 되었다. 일부 계열사가 회장님의 마음을 얻고자 이런 특집을 시도했지만 잘되지 않았다. 최근의 현장 방문 사진도 없었고 무엇보다 가슴 뭉클한 스토리가 없었다. 당시 정몽구 회장은 일관제철소의 성공적인 건설에 모든 것을 집중하고 있었다. 초기 토목공사 때는 혼자 야간에 갤로퍼를 몰고 불시 현장 점검을 하다가 펄에 차가 빠진 적도 있었다. 200만 평 벌판이 온통 공사판으로 널려서 완성된 길이 없었다.

정몽구 회장의 현장 방문은 제철소가 완공된 이후에도 잦았다. 한번은 거의 동시에 '회장님 건강이 어떠시냐'는 기자들의 취재가 벌어진 일이 있었다. 이러한 취재 건은 홍보팀에서 알 수도 없고 설사 아는 게 있어도 말할 수가 없다. 시간이 지나면 소문이 자자해지고 정말 무슨 일이 있나, 하는 생각이 들 정도가 된다. 이럴 때쯤이면 회장님은 당진제철소에 가서 오전 내내 현장을 점검하고 직원들을 격려한다. 자연히 소문은 사라진다.

정몽구 회장은 주요 내방객이 오면 직접 영접을 하고 제철소 현장 구석구석을 안내했다. (사진 오른쪽 두 번째가 필자)

휴일에 사는 밥은 '밥값'을 한다

현대제철은 총 12조 원이 들어가는 일관제철소를 건설하면서 모든 자금을 자체적으로 해결했다. 증자하거나 그룹의 지원을 받지 않았다. 대략 6조 원은 내부자금으로, 나머지 6조 원은 국내외 장기 차입금으로 해결했다. 지금 생각해도 당시 자금 담당 임직원들이 자랑스럽다. 당시 CFO(K부사장)가 건설 기간 동안 기존 전기로 사업에서 수익 창출을 잘 리딩 했고 모든 임직원이 혼신의 노력을 바쳤다. 그러한 노력으로 2008년에는 영업이익률이 12.3%나 되었다. 그렇지만 국가도 하기 어려운 규모의 프로젝트에 자금을 조달하는 건 쉬운 일이 아니었다. 그리고 금융시장에 신호가 잘못 전달되는 순간 급격한 위기를 맞게 된다. 좋을 때는 서로 저금리로 대출을 해주겠다고 하지만, 조금만 이상하면 서로 회수하려고 하는 게 금융시장이다.

할 수만 있다면 가장 안전한 게 내부자금 조달이다 보니 회사는 각 부문에 혹독한 원가절감을 요구했다. 당연히 일관제철소 추진으로 일은 기하급수적으로 늘어났지만 기존에도 거의 없었던 홍보예산은 늘어나질 못했다. 골프는커녕 저녁에 만나자는 기자들의 전화가 두려웠다. 그렇다고 일을 안 할 수는 없으니 난감했다. 고민 끝에 아이디어를 낸 게 일요일에 점심을 사는 거였다. 당시 신문사는 토요일은 쉬고 일요일은 월요일자 신문 제작을 위해 출근했다.

기자들과 만날 때는 항상 룸(ROOM)이 있는 식당으로 가야 했다. 우선 짧은 시간에 필요한 정보를 주고받기 위해서는 조용하고 비밀이 유지되어야 한다. 방값이 포함되므로 식사비가 비쌀 수밖에 없었다. 저녁에는 점심 단가의 3배가 기본이다. 식사 중에도 기자는 오후에 마감할 기사 취재에 집중해야 하므로 본인이 필요한 정보에만 관심이 있다.

그런데 일요일 점심을 하게 되면 여러 가지 장점이 있었다. 우선 비용이 적게 든다. 이때는 언론사 인근 대중식당들을 이용할 수 있어서 저렴한 식사가 가능하다. 평소 만나기 어려운 부장과 차장 그리고 다른 기자 등 여러 명을 만나게 된다. 그렇게 만난 기자가 나중에 철강을 담당하기도 하고 또 다른 부서로 가도 인연이 이어진다. 기자는 전혀 모르는 경우, 얼굴은 아는 경우, 식사를 같이해 본 경우, 술을 같이 마셔 본 경우, 골프를 같이 쳐본 경우에 따라 긴급 시 통화 서비스가 질적으로 다르다. 따라서 휴일 식사를 같이하는 것은 홍보맨 입장에선 큰 보험을 들어놓는 것과 같다.

그리고 다들 평일보다는 마음에 여유가 있어서 내가 하고자 하는 말이 잘 전달된다. 기자들, 특히 부장과 데스크 차장이 궁금해할 요소들을 미리 준비했다가 자연스럽게 얘기를 풀어 갈 수 있다. 또 일요일에도 나와서 고생한다고 격려를 많이 해준다. 이러한 식사는 무엇보다 부장이 좋아한다. 빡빡한 부서 예산도 절약할 수 있기 때문이다. 그렇다 보니 한 번의 식사가 갖는 효용(?) 시간도 아주 길다. 일요일의 오찬은 저녁 한 끼의 식사 예산으로 데스크를 포함한 여러 명의 언론인과 여유 있게 식사도 하고, 내 얘기도 잘 전달하고, 칭찬도 받는 그런 식사가 된다.

이런 식사는 나에게는 또 다른 부수적인 효과가 있었다. 우선 일요일 만남에 대비해서 회사는 물론 경쟁사 동향과 현안 이슈, 정부 정책이 회사에 미치는 영향, 대정부 건의할 사항 등을 챙겨보게 된다. 그리고 시사 관련 이슈와 연관된 역사 서적도 찾아서 읽고 내 나름대로 스토리를 세팅하게 하게 된다. 시중에 흔히 도는 지라시 수준이 아니라 내 나름의 논리(관점)로 전해야겠다는 생각을 갖게 된다. 그러면 나중에라도 '그때 현대제철 김 부장이 그랬었는데' 하는 생각을 하게 된다.

여담이지만 휴일에 광화문에 있는 언론사 근처로 갈 때마다 '홍보팀장인 나는 참 좋은 동네(혜화동)에 살고 있다'고 생각했다. 평소 일과의 시

작은 토요일에도 새벽 4시 반 기상, 6시 전에 양재동 사무실에 도착하는 삶이었다. 정몽구 회장도 그렇게 했다. 그렇지만 일요일은 9시 기상, 10시경 집을 나와 광화문까지 걸어간다. 대형서점에 들러서 1시간여 신간 서적과 베스트셀러 동향을 살펴보고 또 식사 때 풀 썰(說)에 참고할 서적도 살펴본다. 약간의 낮술을 겸한 식사가 끝나면 경복궁, 창덕궁, 삼청동, 감사원, 성균관대, 창경궁을 거쳐 집으로 걸어온다. 봄이나 가을에는 그 자체가 꽃길 단풍길 여행도 된다. 그리고 혼자의 걸음은 복잡한 생각이 맑게 정리되는 그런 걸음이다.

홍보맨 입장에서 집이 언론사가 밀집한 광화문에서 가까운 이점은 또 있다. 당시는 가판을 보고 언론사로 뛰어 들어가는 일이 다반사였다. 평일에는 회사에서 가게 되지만 일요일에는 팀원들이 거의 다 외곽에 거주하는 관계로 광화문까지 오기가 힘들다. 사태를 알고 오더라도 기자들은 이미 퇴근한 뒤가 된다. 그렇지만 나는 차로 10분이면 도착하니 기자나 데스크를 만나 자초지종을 설명할 시간이 많게 된다. 그러다가 서로 기합이 되면 맛있는 소주도 한잔하면서 친밀도도 높이게 된다. 가끔 회사 당직자가 어려울 때는 동아일보 1층 바닥에서 신문 가판을 볼 때도 있었다. 이런 일은 그 시절 모든 회사 홍보맨의 일상 중 하나였다. 나의 경우 대략 2005년부터 2013년 사이의 일들이었다. (참고로 팀원들은 절대 나오지 못하게 했다.)

일요일에 밥을 사는 것은 많은 언론인들로부터 칭찬을 받았다. 또 그들은 많은 홍보임원들에게 나의 사례를 추천했다. 특히 갑자기 홍보 임원을 맡게 된 경우에는 언론인과 친해지기가 쉽지 않다. C 일보 S 선임기자에 의하면 '그런 임원들에게 나의 사례를 들려주면 무릎을 치면서 좋아했다고 한다. 그리고 그 후 어떤 임원도 그렇게 하는 것을 보지 못했다고 한다.' 아마 그 회사는 예산도 풍족했고, 절박함도 없는 회사였을 것이다.

회사가 어려울 때 주어진 예산 제약하에서 효율적으로 일을 해보자는 생각에서 시작한 일이었다. 많은 분의 칭찬을 받았고, 또 많은 언론인이 그 정성이 가상해서인지 보이지 않는 도움을 주었다. 그 도움은 여러 형태로 나타났다. 현대제철 기사에 더 엄정을 기하고, 우리가 잘 못해서 채찍을 들 때도 애정을 느낄 수 있었다. 어떤 경우는 우리에게 필요한 정보를 제공해 줬고, 또 어떤 때는 정부 고위 관료와 국회의원들에게 우리의 입장을 대변해 주기도 했다. 참으로 보람되고 고마운 일이었다. 이렇게 쌓인 인연으로 퇴직한 지금도 많은 언론인들에게 감사하는 마음의 소주를 사고 있다.

일요일 언론인과 식사후 귀가 길 코스인 성균관대학교 은행 단풍.

나의 진심을 전하는
가장 효과적인 방법 '선물'

2010년 5월 1일부로 임원 승진 명령이 났다. 직장인으로서 임원이 되는 것은 기쁜 일이다. 이즈음 한 직원(L)으로부터 책 한 권을 선물받았다. CEO 전문 컨설턴트로 유명한 이종선 님의 『멀리 가려면 함께 가라』였다. 읽고 또 읽었다. 밑줄을 그으면서 읽고 형광펜으로 칠을 하면서 또 읽었다.

2004년 홍보팀장 발령 이후 이날까지 주위를 전혀 보살피지 못했다. 집안 대소사는 당연히 내조자의 몫이었고, 아이들의 학년을 모를 때도 있었다. 친구 부모의 경조사도 거의 놓쳤다. 이때의 결례가 지금까지도 회복이 안 되는 친구도 있다. 일 중독자인 나의 스타일은 그 이후에도 이어졌지만, 이 책을 계기로 많은 변화를 시도했다. 그리고 많은 도움이 되었다. 그중에서도 인상 깊었던 부분은 '선물'에 관한 글이었다.

"선물을 할 때 중요한 것은 상대가 가장 심취해 있는 것, 가장 기뻐할 만한 것을 찾으려는 노력이다. 그런 노력이 느껴지면 상대방은 감동을 받는다.", "그 선물에 내가 행복해하는 이유는 공짜여서가 아니라 나에 대한 관심 때문이다.", "역시 선물의 진수는 메시지다.", "우리가 넘치지도 부족하지도 않은 정을 주고받을 줄 알게 된다면 그 애정과 고민의 시간 덕분에 선물은 더 이상 상품이 아닌 살아가는 이야기로 빛난다."

이 글을 읽으면서 지나간 큰 두 행사 때 정몽구 회장의 선물이 생각났다. 2006년 노무현 대통령이 참석했던 일관제철소 기공식 때 선물은 '압력밥솥'이었다. 대(大) 재벌 회장님이 아버지 정주영 창업 회장도 못했던 일관 제철소를 시작하는 기공식에 직원과 지역 주민은 물론 대통령과 장관, 국회의원들에게 줄 선물로 '압력밥솥'을 결정한 것은 너무나 의외였다.

2006년 10월 27일 당진제철소 기공식에 참석한 노무현 대통령이 제철소 모형설비 앞에서 격려하는 모습.

당시 선물을 담당한 총무팀이 같은 사무실에 있어서 그 과정을 좀 알게 되었다. 처음에는 약 100개의 샘플이 회의실을 가득 채운다. 팀장, 임원, 본부장, 사장, 부회장을 거치면서 3개 정도로 압축이 된다. 그룹 기조실에 전달하면 다른 것을 찾아보라고 한다. 그러면 약 20개를 가지고 다시 이 과정을 거치게 된다. 그렇게 해서 보고를 받은 회장은 다 마음에 들지 않자 당신께서 직접 결정해 준 게 '압력밥솥'이었다.

정몽구 회장은 선물에 대한 깊은 생각이 있었다.

1) 늘 곁에 두고 사용하는 것이어야 한다.

2) 필요는 한데 내 돈으로 사기에는 주저된다.

3) 현대제철 행사이므로 쇠로 만든 것이어야 한다.

4) 주고받는 데 부담 없는 가격대여야 한다.

회장이 직접 선물을 결정하는 일이 벌어졌지만, 다행히 이 일로 사직을 당한 임직원은 없었다. 그렇지만 더 이상 아무도 이 일에 관여하려고 하지 않았다.

4년 후 고로 1호기 준공식을 앞두고 선물 담당으로 내가 지정되었다. 당시 나는 홍보 업무만으로도 정신이 없었는데 대외업무가 추가되었다. 당일 일은 당일 일정표에 따라 아침부터 저녁 늦게까지 몸이 움직여야 하는 일이었다. 그런데 이번 행사도 지역 주민은 물론 이명박 대통령과 장관, 국회의원 등이 참석하는 기념비적인 행사였다. 정주영 창업 회장의 일관제철소에 대한 집념·추진·실패를 가장 가까이서 함께했던 이명박 대통령이 참석하는 행사 인지라 그 긴장감은 기공식 때와는 비교가 안 되었다.

예정된(?) 임원 승진을 앞두고 리스크가 크지만 할 수 없었다. 이 또한 지나가겠지, 최선을 다하고 결과는 하늘에 맡기자, 하는 생각뿐이었다. 하지만 모든 직원이 바쁜 관계로 다른 팀에 있는 믿을 만한 직원 두 명(H,

K)을 배속받았다. 이 두 직원은 나에게 보고한다고 자주 왔지만, 보고받을 시간이 없었다. 나 또한 경영진에게 중간보고를 하려 했지만, 그분들도 보고받을 시간이 없었다. 결국 직원들은 자기들이 기준을 세우고 선정했다. 그리고 2만 개를 제작하기 위한 자재와 공장 가동을 준비시켜 놓았다. 바빠서 보고도 못 받는 경영진을 대신해서 담당 직원이 스스로 판단한 결정이었다.

2010년 4월 8일 당진제철소 고로 1호기 준공식에 참석한 이명박 대통령과 내빈들이 축하 세레머니를 하는 모습.

행사 5일 전 샘플 5개를 준비해서 회장님께 보고드리도록 당진제철소에 갔지만 회장님과 경영진의 회의는 끝없이 이어졌다. 할 수 없이 샘플을 회장님 동선마다 하나씩 갖다 놓고 대외 약속이 있어서 서울로 오는데 선물을 찾는다는 전화가 왔다. 직원들이 설명해 준 대로 "회장님 '선물 관(觀)'을 기준으로 결정한 것"이라고 말씀을 드렸다. 많은 고민 끝에 한 가지를 준비했는데 천만다행으로 그 한 가지로 승인되었다. 그 선물은 현대제철 스테인리스로 만든 '3단 냄비세트'였다. 두 직원의 혜안으로 포장 박스도 별도로 제작했는데 이게 또 히트했다. 다른 선물을 예상해서 크게 만들었던 것이다.

정몽구 회장은 하루 전에 "내일 오시는 손님들께 '따뜻한 피자' 한 박스씩 드려라!"라는 지시를 내렸다. 천안, 대전으로 몇천 개의 피자를 주문하면 되지만 드릴 때 '따뜻'하게 하기 위해 밤새 오븐을 구하고 설치했다. 그리고 그 피자는 잘 준비된 포장지에 같이 담아드릴 수 있었다. 회장의 '따뜻한 피자'는 그 이후에도 계속되었다. 준공식 후 많게는 하루에 400명의 학생들이 견학을 왔다. 회장은 학생들에게 따뜻한 피자와 콜라를 선물하라고 했다. 의전실 옆에는 늘 오븐이 대기하고 있었다. 의외의 선물에 학생들의 반응은 폭발적이었다.

그리고 회장은 기공식 때와 같이 준공식 선물을 언론사 경영진에게 직접 전달하라는 지시를 해서 내가 직접 다녔다. 다들 처음에는 '압력밥솥'과 '냄비 세트'에 의아해했지만 회장의 선물 관을 전해드리면 무릎을 쳤다.

한편 홍보팀은 늘 예산 부족으로 시달렸다. 그렇지만 이제 고로 1호기도 준공했으니 경쟁사와 항상 비교되었다. 경쟁사는 (김영란법 시행 전)

회사 비용으로 매년 출입 기자 수십 명을 해외 사업장 견학 겸 여행을 제공했다. 당연히 우리에게도 비슷한 요구가 들어오지만 여건이 안 되었다. 우리는 우리 방식대로 선물했다. 가족이 다 같이 즐길 수 있는 당진 감자, 강화도 순무 김치, 안동 찜닭 같은 계절성 선물을 했다. 바빠서 집에서 거의 식사를 못 하는 기자들이 가족들과 같이 즐기면 좋겠다는 마음을 담았다. 그리고 또 색다른 선물은 매년 10월 말 영주 부석사 여행이었다. 언론사별로 10여 명 같이 가는 제안이어서 호응이 많지는 않았지만, 한 언론사와는 10여 년 지속했다.

많은 시간이 지났지만 한 권의 책이 나를 변화시켰다. 그 책에는 이런 구절도 있다. "성공하는 리더의 공통점은 '사람'을 아낄 줄 알고, 진심이 몸에 밴 사람이었죠." 정몽구 회장과 두 번의 큰 행사를 치르면서 나도 그렇게 느꼈다.

정몽구 회장의 선물 관을 반영한 당진제철소 준공식 선물.

매년 10월 말일이면 언론사 관계자분들과 영주 부석사를 견학했다.

두 번의 보람이
여덟 번의 어려움을 덮어 준다

기자와 친해지기 위해 많이 노력했지만 내외부적 요인으로 쉽지 않았다. 먼저 내부적으로는 홍보팀이 사내 정보를 파악해서 기자들에게 선제적으로 적절한 서비스를 제공해야 했다. 그러기 위해서는 최고경영자의 홍보에 대한 이해도가 높아야 하는데 대부분의 경우 그렇지 않다. 우선 최고경영자가 홍보를 너무 현상적으로 생각하는 경우가 많다. 아무리 좋은 기사가 나와도 그 속에 본인이 부담스러운 표현이 있으면 그 기사는 나쁜 기사가 되고 홍보팀은 일을 못한 것이 된다. 좋은 기사는 반나절을 무사하게 하지만 나쁜 기사는 몇 달을 힘들게 한다. 이슈가 발생하면 십여 개의 방송과 백여 개의 신문과 인터넷 매체가 기사를 쓴다. 홍보팀이 기사가 안 나오도록 혼신의 노력을 해도 몇 군데서는 기사가 나온다. 그러면 이는 일을 못한 것이 된다.

고위 임원들이 기삿거리를 남발하는 경우도 많다. 각종 공개된 행사에는 회사 고위 임원들도 참석하게 된다. 이런 경우 홍보팀에서는 사전에 예상 Q&A를 만들어서 참석자들에게 가이드로 제공한다. 이때 기자들도 이미 이를 예상하고 사전에 질문 리스트를 준비했다가 취재한다. CEO들은 언론인의 특성에 대한 이해도가 어느 정도 있어서 큰 실수를 안 한다. 그런데 일반 임원들은 기자들이 경쟁사와 비교해서 유도 질문도 하고 가끔은 그것도 모르냐는 핀잔도 준다. 그러면 대부분의 임원들은 자기 회사가 잘하고 있고 본인도 유식하다는 느낌을 주기 위해 얘기를 많이 한다.

이는 그만큼 대처 불가능한 기삿거리가 많아지고, 기사가 나온 이상 홍보팀의 잘못으로 몰아간다. 또 기자들은 받은 명함으로 늘 개별적인 취재를 하므로 기사가 더 자주 더 세세하게 나온다.

내부적으로 힘든 세 번째 이유는 내부 협조다. 5대 그룹에서도 주력 기업 이외는 홍보 업무를 단순하게 생각한다. 기자들 잘 구워삶아서(?) 나쁜 기사를 못 나오게 하고, 좋은 기사를 자주 나오게 하는 것으로 생각한다. 그렇다 보니 홍보 인원이나 예산 지원은 빈약하면서도 기대와 책임은 더 크게 가진다. 이런 기업들의 또 하나 특징은 중요 회의(정보)에서 홍보팀을 늘 소외시킨다. 홍보팀은 자주 전후 맥락도 모른 채 자기 회사 소식도 기사를 통해 알고선 허겁지겁 대처하게 된다. 이런 회사는 기사화가 우려되어 사전에 관련 부서에 자료 요청을 해도 대부분 무시를 당한다. 그리고 기사가 나오면 홍보팀에 대한 원망은 더 크게 한다. 기사가 나간 후에도 후속 취재에 대응하기 위해 관련 자료를 요청하면 팩트보다는 자기 부서 면피용 자료나 변명성 논리를 준다. 가끔은 기자들이 홍보팀이 답답하고 불쌍하다면서 제보받은 서류를 역으로 보여주면서 취재하기도 한다.

내가 홍보 업무를 하면서 초기 약 5년간 이런 일이 많았다. 홍보팀도 처음 만들었는데 경험해 보지 못한 국책사업 규모의 일이 시작되어 홍보 이슈는 폭발적으로 늘어났다. 이러한 어려움에 대응하기 위해 갖은 노력을 했지만, 거대한 조직에 홍보팀의 요구가 반영되기는 너무 어려웠다.

결국 내가 작심(作心)을 하고 홍보팀 역량 강화를 위해 대처한 방법은 약네 가지였다.

우선 기자에게 정보를 쉽게 주는 임원, 은밀히 제보하는 임원, 홍보팀을 무시하는 임원은 특별 관리했다. 홍보팀도 모르는 회사의 깊은 정보가 기사화되면 참 당혹스럽다. 사람이 패션을 바꿀 수는 있어도 스타일은 못 바꾼다고, 나름 다양한 방법으로 제보하지만, 시간이 지나면 정보 출처가 어느 정도 윤곽이 잡힌다. 그리고 본인이 언론 관계로 곤란한 일이 반드시 생긴다. 특히 대기업 임원은 회사가 장려하는 기사 외에 다른 기사에 이름이 나오는 것은 금기시된다. 결국 그 임원은 홍보팀에 SOS를 치게 된다. 이런 경우 요주의 임원에게는 확실한 다짐을 받는다. 전쟁에서는 우호

임시투자세액 공제 연장을 위해 홍보팀은 필요한 논리를 제공했고 당시 모든 언론사가 기사와 사설로 보도했다.

적 관계가 중요하지만, 전투에서는 가는 말이 험해야 오는 말이 곱다. 물론 이런 일은 팀원들 모르게 나 혼자 해야 했다.

두 번째 방법은 내부 정보를 가깝게 접할 수 있도록 홍보팀이 소속된 상위 조직을 바꾸는 것이었다. 내부 정보를 출입 기자를 통해 역으로 접하게 되는 굴욕을 극복하기 위해 갖은 노력을 했지만 쉽지 않았다. 준비된 자가 기회를 잡는다고 했던가. 어떤 계기로 당시 본부장이 팀장인 나에게 홍보 업무에 관한 여러 의견을 구했다. 나는 홍보팀이 회사 사업을 총괄하는 조직과 같이 있어야만 하는 이유를 설명해 줬고 결국 그렇게 해서 기획실로 소속이 바뀌게 되었다. 그 이후에도 중요 회의에는 참석하지 못했지만 회의록을 보고 예상 홍보 이슈를 찾아서 대비할 수 있었다. 회사의 전략적 방향이나 경영 리스크를 예상하고 이와 관련한 우호적 논리를 만들어 여론을 조성했다. 임시투자세액공제율 연장이나 철 스크랩 수출 허가제 도입 같은 것들이 대표적이다. 산업용 전기 요금을 2003년부터 2013년까지 12회나 인상했다. 이때 산업계의 대응 논리는 매번 현대제철 홍보팀 한 직원(H)이 작성해서 전경련, 대한상의, 한국철강협회 등 15개 경제단체 연명으로 건의했다.(167쪽 참조) 이런 건의서나 기사는 관련 부처 장관은 물론 대통령실 신문 스크랩에 포함되어 정책 수립이나 집행에 반영된다.

세 번째 방법은 홍보팀원을 교육하는 것이었다. 홍보 업무를 하기 전 과장 시절에 전력산업 구조 개편 문제로 국회 보좌관을 자주 만났다. 그런데 이분이 한전 손익계산서의 영업이익과 경상이익의 차이를 몰라서 정책 건의서를 설명하는 데 어려움을 겪은 적이 있었다. 홍보팀 조직이 커지면서 경력 직원을 채용했는데 대부분 현직 기자들이었다. 일단 홍보팀에 소속되면 재무제표를 교육하고 관련 수료증을 제출토록 했다. 그리고 월 1회 '본인이 작성한 PPT'로 세미나 발표를 하도록 했다. 세미나 주제는 초기에는 철강산업, 전기 요금, 건설산업, 에너지 이슈 같은 회사 업무 관련으로 하고 시간이 지나면서 인문·사회적인 주제, 비트코인 같은 핫이슈도 했다. 이런 교육을 통해 팀원들의 안목을 넓히고 성취감을 가지게 했다. 가끔은 외부 강사도 초빙했다. 실전 회계학 책 저자인 김수헌 대표, 하이투자증권 고태봉 본부장 같은 분들이 재능기부를 해주었다.

필자와 기획실 직원들은 매주 금요일 오후 당진제철소에서 현장 교육을 받고 직원들과 교류를 통해 회사 비전에 대한 공감대를 이뤘다.

홍보팀 역량 강화를 위한 네 번째 수단은 현장 교육을 통한 공감대 형성이었다. 제철소를 건설하고 운영하기에 바빴던 당시 본사 조직에는 현장에 대한 지식이나 이해가 없었다. 약 6개월간 매주 금요일 오후에 기획실(홍보팀) 직원들과 당진제철소에 가서 교육받았다. 원료 입고부터 쇳물 제조, 제품 생산·출하, 1차 고객사의 후처리 과정까지 전 과정을 세분해서 현장 담당자들로부터 교육을 받았다. 그리고 저녁에는 항상 관련 현장 직원들과 같이 교류의 시간을 가졌다. 사내 커뮤니케이션, 공감대 형성이 조직의 힘의 원천이다. 지금도 당시 교육이 너무 힘들었다는 불평을 듣는데, 비교하기 좋아하는 기자들로부터 경쟁사 홍보 팀원들과는 실력과 격이 다르다는 평가를 많이 받았다.

외부적인 어려움도 수없이 많았다. 우선 1997년 IMF 이후 언론사 경영 환경이 급속도로 어려워졌다. 그전에 언론사는 광고료와 구독료만으로도 대기업 2배의 월급을 주었다. 지조 있고 비판적 DNA를 가진 천하의 인재들이 언론 고시를 통해 기자가 되었다. 그러한 기자 정신은 민주화와 사회정의 실현을 위해 큰 역할을 했다. 그러나 IMF는 언론계 풍토를 너무 많이 변화시켰다. 언론사는 대기업 광고가 중요해졌고 대기업은 자기 회사에 대한 언론의 예리한 필봉이 둔해지기를 원했다. 설상가상 2000년대 초반부터 브로드밴드 인터넷의 보급이 급속히 이뤄지면서 인터넷 사용이 증가했고, 이에 따라 온라인 뉴스 및 언론 활동도 늘어났다. 2000년대 중반 이후에는 포털 사이트에서 제공되는 뉴스 서비스가 크게 확대되었고, 다양한 언론사들이 온라인에서 뉴스 콘텐츠를 제공하게 되었다. 시간이 갈수록 고정비 부담이 큰 기존 신문사가 상대적으로 약화되고 소규모 인터넷 언론사는 급증했다.

홍보팀 입장에서는 이러한 급변하는 '언론사 경영 환경'에 대처하기도 어려운데 다양화된 기자들을 상대해야 하는 부담도 커져갔다. 가끔은 언론사 내에서 잦은 루머로 입지가 어려워진 기자가 어떤 계기를 핑계 삼아 홍보팀을 희생양으로 잡고 나올 때도 있었다. 2016년 김영란법 시행 이후 더 잦아졌다. 이런 경우 신문사는 조직원 보호를 위해 기자 입장에 설 수밖에 없다. 이는 곧 기자의 감정 실린 기사가 더 자주 크게 나온다는 의미다. 그러나 종합적으로 보면 이러한 과정을 거치면서 기업의 음지도 많이 좁아지고 있고, 언론사도 긍정적인 역할 변화를 많이 하고 있다.

나의 경험으로는 두 번의 보람이 여덟 번의 어려움을 덮어 주었다. 그래서 지치지 않는 열정을 쏟을 수 있었다. 깊이 있는 취재를 통한 팩트로 아픈 예방주사를 준 기자, 회사의 어려움을 알고 먼저 대처해 준 기자에 대한 감사한 마음은 평생 잊을 수가 없다.

홍보팀 역량 강화를 위해 대처한 방법은 약 네 가지였다.

3부

───

이것이 홍보다

홍보란,
사회의 가치 지향과 조직을
일치화(align) 시키는 것

홍보(PR. Public Relation)란 무엇인가? 모든 조직은 홍보를 하고 싶어 한다. 개인이건 조직이건 잘하는 것은 알리고 싶어 하고 못 하는 건 피하고 싶어 한다. 많은 사람들이 이러한 점을 홍보의 목적으로 생각한다. 물론 맞는 얘기다. 그러나 이는 단편적이고 일방적인 생각이다. 멀리, 넓게 이해관계자와의 '상호 관계 지향'으로 봐야 한다. PR은 IR(Investor Relation)과도 다르다. 다 같이 회사 밖과의 '관계'이지만 IR은 재무제표를 중심으로 한 투자자와의 관계다. 최근에는 IR도 비재무지표의 계량화를 위해 ESG를 수단으로 이해관계자와의 관계를 시도하지만 한계가 있다.

이런 관점에서 홍보란 자기가 속한 조직을 '사회의 가치 지향'에 맞게 조율해 가는 '과정'이라고 생각한다. 즉, 사회의 가치 지향을 자기 조직에 내재화시키고 조직의 활동은 사회의 가치 지향에 맞추는 과정이다. 우리나라는 경제가 압축 성장을 하면서 많은 성과를 냈지만, 그에 비례하는 그늘이 너무 넓고 길다. 양적 성장의 탑은 높으나 질적 성장의 골도 깊다. 자본주의 긴 역사를 보면 이는 공통적인 현상이다. 앞서간 나라들의 사례를 보고도 그대로 답습하고 있다. 이는 그만큼 이해관계자 간의 조정이 어렵고 또 중요함을 나타낸다.

그나마 자본주의 역사가 남긴 교훈이라면 인간의 창의성을 존중하는 시스템이 살아남았고 이해관계자를 존중하는 사회가 지속 가능한 사회라는 점이다. 결국 이러한 시스템이 유지되고 지속 가능하기 위해서는

'기업'이 제대로 해야 한다. 그런데 기업은 욕망 있는 인간이 탐욕 있는 자본을 운용하는 곳이다. 어떤 브레이크가 없으면 질주하게 되고 이는 또다시 역사의 퇴보를 가져오게 된다. 따라서 역사의 퇴보를 막고 희생을 줄이면서 진화하는 방향성을 유지시키는 역할자가 필요하다. 이 역할자는 정치와 자본에 독립적인 시민단체와 언론이다.

우리 사회가 어떤 가치를 지향하고 있는가를 알 수 있는 것이 시민단체의 활동이다. 시민단체의 활동 방향은 우리 사회가 지향하는 가치를 보여준다. 그리고 다양한 단체의 다양한 가치 지향은 그 시대적 요구에 따라 우선순위가 조정된다. 따라서 기업이든 정부든 조직에 속한 사람은 시민단체와 교류를 해야 한다는 것이 평소 나의 생각이다. 언론매체를 통해서 아는 것과 교류를 통해서 직접 아는 것은 질적으로 다르다.

이러한 생각을 가진 내가 2000년 초반부터 교류한 단체는 한국생태경제연구회, 환경운동연합, 생태지평, 『창작과 비평』 정기독자 모임 같은 곳이었다. 비교적 진보적 가치를 지향하는 단체였다. 보수적인 대기업 문화에서는 '진보'보다는 '좌파'라고 호칭하면서 거리를 두는 편이었으나 나는 소신에 따라 그들과 교류했다. 두 분의 직장 상사가 큰 우산이 되어 주었다.

우리 사회의 재벌에 대한 부정적인 인식은 그만한 이유가 있다. 그렇지만 기업의 역할을 부정할 수는 없다. 기업을 부정하기보다는 비판을 통해 기업을 변화시켜야 한다. 기업도 시민단체의 비판을 경청하고 우선순위를 정해서 수용해야 한다. 30년 직장 생활 경험에 의하면 사회의 가치 지향에 맞춰 먼저 변하는 기업이 더 잘 된다. 왜 그런가? 먼저 변하면 앞서가게 되고 마지못해 변하면 끌려가기 때문이다. 앞서가게 되면 새로운 것이 되어 신선함이 있고 밀려서 하면 그저 그런 것으로 묻힌다. 새로움은 그 기업에 대한 사회적 인식도 변화시키지만, 무엇보다 조직 구성원들에게 자기 회사에 대한 자긍심을 준다. 그저 그런 회사는 직원들에게 피곤함만 준다.

　　먼저 변할 수 있는 것은 기업 문화가 사회의 가치 지향을 경청하는 자세가 되어있기 때문에 가능하다. 이런 기업은 다른 것도 잘한다. 조직문화가 그렇게 움직이기 때문이다. 그러나 이 단순한 판단도 기업 현실에서는 잘 되고 있지 못하다. 가장 큰 이유는 회장님(오너)이 시민단체와 교류가 없다 보니 일부 참모들이 알아도 회장님께 보고를 못 한다. 더 심한 경우는 일부 참모가 진보적 지향을 보이면 회장님의 측근들이 집요하게 반대 논리를 편다. 반대 논리의 근저에는 시민단체가 지향하는 '가치'보다 '돈'을 요구하는 이익단체로 인식하기 때문이다. 이럴 때 핵심 참모 몇 명만 합심하면 회장님을 변화시킬 수 있다. 그러나 현실은 이런 가치관을 가진 참모는 단 한 명도 핵심 참모로 성장하지 못한다. 회장님이 시민단체의 존재가치를 인정하지 않기 때문이다. 그 결과는 엄청난 사회적·경제적·

정치적·법적 비용을 치르고도 다시 그 문화로 돌아가서 서서히 사라지는 기업으로 나타났다.

평소 교류했던 시민단체는 홍보팀장이 된 나에게 큰 힘이 되었다. 2003년 한국생태경제연구회는 레스터 브라운의 『에코 이코노미』를 번역 출간했다. 이 책에서 브라운은 지속 가능한 사회를 이루기 위해서는 새로운 자원을 개발·훼손하기 보다 이미 개발된 자원을 재활용하는 것이 중요하다고 강조하면서 고철을 예로 들었다. 당시 회장(조영탁 교수. 전력 거래소 전 이사장)은 나에게 이러한 사례를 얘기하면서 격려를 해주었다. 당진제철소를 하기 전 현대제철은 세계 2위의 고철 재활용(전기로(爐)) 철강회사였다.

『창작과 비평』 2003년 가을호에 게재한 나의 논문 '한전 민영화의 문제점과 대안'은 시민단체들과 교류하는 데 큰 힘이 되었다. 1997년 IMF외 환위기를 계기로 정부는 전력산업을 민영화하기로 하는 구조 개편을 단행했다. 먼저 발전 부문을 한국수력원자력과 5개 석탄 발전사로 분할하고 민영화를 추진했다. 당시 현대제철은 고철을 녹이는데 많은 전기를 사용하고 있었다. 고철은 오직 '전기(電氣)'로만 녹일 수가 있어서 전기가 연료와 같았는데, 민영화가 될 경우 전기 요금 인상으로 원가 부담이 우려되었다. 전력산업 구조 개편으로 전력거래소가 개설되고 도매가격 결정 방법으로 SMP(계통한계가격)을 채택했다. 이는 매시간별 전기 생산에 들어간

한국생태경제연구회에서 번역한 Lester R. Brown의 『ECO-ECONOMY』. 저자는 이 책에서 지속가능한 사회를 위해서는 이미 개발된 자원의 재활용을 강조하면서 대표적으로 고철 재활용을 예로 들었다.

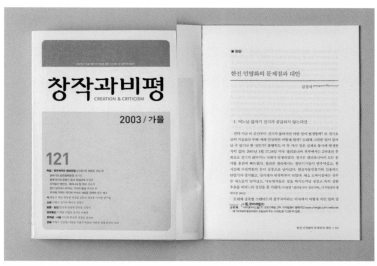

『창작과비평』 2003년 가을호에 게재된 논문 '한전 민영화의 문제점과 대안'. 이 논문에서 필자는 전력산업 구조개편의 문제점을 지적하고 재생에너지에 대한 획기적인 지원을 강조했다.

발전기 연료 중 연료비(변동비)가 가장 비싼 발전기의 연료비를 모든 발전기에 주는 방식이다. 즉 킬로와트시(kWh)당 변동비가 원자력 4원, 석탄 50원, LNG 100원이면, 특정 시간에 LNG 발전기를 가동할 경우 원자력과 석탄 발전기에도 100원을 주는 방식이다. 원자력발전기는 96원, 석탄 발전기는 50원의 횡재(windfall)가 생기는 구조다.

당시 나는 이러한 방식의 문제점을 지적하면서 "그다지 멀지 않은 장래의 환경문제를 생각할 때 과연 원자력과 화석연료의 비중(양)을 늘리는 것이 궁극적으로 이익인지에 대한 사회적 논의가 필요하다(…) 각종 투자 관련법도 친환경적 재생 가능 에너지 발전을 획기적으로 유인할 수 있는 방향으로 개정되어야 할 것이다"라고 했다. 20년이 지난 지금도 이 논문을 읽고 연락을 주는 사람이 많이 있다. 이는 그만큼 우리나라 전력산업이 심각하고 실질적인 변화가 없다는 의미다. 이 주제는 앞으로도 탄소중립과 재생에너지 발전을 위해 해결해야 할 핵심 과제다.

경제발전 초기 기업의 원시축적 단계에서는 비용 절감형(생산요소 착취형)으로 자본을 축적해 왔다. 그러나 경제가 성장하고 글로벌 대기업이 나오고 재벌이 되면서 업종이 다변화되고 가치사슬 단계가 복잡해졌다. '기업=시장=이해관계자' 관계가 형성되었다. 이제 이해관계자의 가치 지향을 벗어나서는 지속 가능할 수가 없게 되었다. 더구나 현대제철 당진제철소와 같은 철강산업은 모든 산업 중에서 전후방 연관효과가 가장 높다. 한

편으로는 철강산업은 에너지 소비가 많고 이산화탄소 배출이 많다. 환경 이슈가 늘 따라다니는 업종이다.

홍보팀장이 되기 전에 교류한 시민단체가 공교롭게도 홍보팀 업무의 핵심 이슈와 관련된 단체들이었다. 대기업에서 일하면서 내가 관장하는 범위에서나마 내 나름의 가치를 실현해 보겠다는 단순한 마음에서 교류한 시민단체와 정면으로 부딪치게 되었다. 더구나 현대차그룹의 당진 제철소 건설은 수직계열화 심화라는 경제력 집중의 문제이기도 했다.

이후 10여 년간 나름대로 우리 사회의 가치 지향을 회사 업무에 반영하기 위해, 또 한편으로는 회사 문화를 이러한 가치에 맞추기 위해 노력을 해왔다. 뜻있는 선후배의 도움이 있었지만 외로운 노력이었다. 그러던 중 세계적인 홍보 전문가의 인터뷰를 보고 큰 자신감을 가지게 되었다. 2013년 6월 22일, 조선일보 류정 기자가 세계적인 홍보회사 '버슨마스텔러' 해롤드 버슨 창업자와 뉴욕에서 한 인터뷰였다.

'기업 홍보 책임자의 역할은 무엇인가?'라는 질문에 버슨의 답변은 이랬다. "첫째, 사회의 변화를 감지하는 기업의 센서 역할을 해야 한다. 둘째, 기업의 '양심' 역할을 해야 한다. 셋째, 커뮤니케이션 중재자의 역할을 해야 한다. 기업의 내부 청중, 외부 청중 모두에게 그렇다." 한 기업을 책임지는 기업의 회장이라면 이 말을 경청하고 홍보의 목적을 알아줘야만 한다.

김경식의 홍보오디세이 3부

고선정의 'USR'과
이선균의 '나의 아저씨'

앞 글에서 소개했듯이 홍보란, 한 조직을 사회의 가치 지향에 맞게 조율해 가는 과정 즉, 사회의 가치 지향을 조직에 내재화시키고 조직의 활동을 사회의 가치 지향에 맞추는 과정이라고 스스로 정의를 내리고 활동해 왔다. 홍보팀장으로서 할 수 있는 것을 찾아서 해보고 또 직장 상사가 그런 일을 지시하면 신바람 나게 일했다. 30여 년 직장 생활을 하면서 참으로 훌륭한 선배와 후배를 많이 만났다. 직장 생활 10년 차였던 이 시기 상사로 만난 기획본부장(한정건 전무. 현 풍전비철그룹 부회장)과의 직연(職緣)으로 나의 인생이 바뀌었다. 회사를 잘 되게 하겠다고 크고 작은 기획을 하면 한 본부장이 검토하고 보고되고 실행이 되었다. 늘 출근이 설레었고 보람되고 성취감이 충만한 생활이었다. 2001년, 내가 과장 직급임에도 경영혁신운동(ATTACK21) TFT의 간사로 발탁해서 경이적인 수익구조 구축에 기여 할 수 있었다. 2003년, 진보 성향의 잡지인 『창작과 비평』에 논문 게재도 상사가 진보적이었기에 시도할 생각을 했고, 또 게재된 것도 상사가 도와주었기에 가능했다. 2004년, 포스코와 한보철강 인수 경쟁을 시작하면서 홍보팀을 신설할 때 나를 팀장으로 발탁한 것도 한 본부장이었다. 2004년 9월 어느 날, 한 본부장은 나에게 사회공헌팀 신설 기획을 지시했다. 지시 내용은 "기업은 사회공헌활동을 해야 한다. 정부와 지자체가 다 할 수 없으니, 기업이 그늘진 곳을 찾아서 도와줘야 한다"는 것이었다. 홍보팀이 하던 업무 일부를 이관하고 새로 해야 할 업무를 중심으로 팀의 미션을 정하고 기획안을 올렸다. 우리나라 기업 중 최초로 '사회공헌팀(CSR 팀)'이 단독 팀으로 탄생했다.

CSR 업무는 기업에 대한 민원을 예방하는 시혜성 업무가 아니다. 우리 사회를 구동시키는 힘의 원천인 기업은 사회의 그늘진 곳을 찾아 자립할 수 있는 도움을 주고, 진보적 가치 실현을 위해 활동하는 단체를 지원하는 역할을 해야 한다. 진보적 가치 실현이란 게 특별한 것이 아니다. 성장과 경쟁의 뒷면에 그늘진 곳을 도와주고 강자의 횡포에 짓밟힌 인권을 보호하는 것이다. 이들이 당당한 사회의 일원으로 같이 살아가도록 도와주는 것은 기업에도 이익이 된다. 당장 이들이 살면서 지출하는 간접세는 국가와 기업의 이익으로 돌아온다. 시민단체의 예방주사로 인한 기업의 리스크 회피 비용(이익)은 계산이 불가능할 정도로 크다.

한 본부장은 CSR 업무를 체계적으로 수립·집행하기 위해 관련 전문가를 특별채용했다. 당시 대학 박사과정에서 사회공헌을 전공한 후 장봉도의 한 복지시설에서 근무하고 있던 고선정 실장이었다. 20여 년이 지난 지금 현대제철 최초의 여성 실장으로 승진한 그와의 만남은 나의 직장 생활에도 큰 변화를 주었다. 고 실장과의 수많은 대화를 통해 막연하게 생각했던 CSR을 배울 수 있었고 많은 부분에서 우리는 의기투합했다.

고 실장과 회사 조직상 직속 관계로 일한 것은 2010년 1년에 불과했지만 2004년부터 2020년 퇴임할 때까지 우리는 늘 많은 논의를 했다. 그러한 논의를 통해 우리는 현대제철이란 거대한 회사를 사회봉사단체로 만들기로 했다. 지금은 많이 알려진 매칭그랜트(Matching Grant)를 일찍 도입했고 CEO를 포함한 전 직원이 연간 일정 시간 이상의 봉사활동을 의무화했다. 정부가 못하는 그늘진 곳을 찾아 지원하고 회사가 추구하는 가치와 부합하는 활동단체를 지원했다. 고 실장과 논의해서 시행한 많은 일 중 대표적인 게 H-USR, 즉 현대제철(H) 노동조합(U)의 사회책임(SR) 활동이다.

현대제철 사회공헌팀은 현대차그룹 첫 사회공헌 시상식에서 그룹 최고상인 대상을 받았다. 홍석호 팀장(왼쪽 두번째)의 따뜻한 리더십이 고선정, 윤석산 등 팀원들의 열정을 결집시킨 결과다.

봉사활동을 해보면 남을 도와주는 것보다 이를 통해 나를 돌아보게 되는 기쁨이 더 크다. 현대제철은 인천제철을 모태로 인수합병으로 성장을 하다 보니 노동조합이 5개나 되었다. 동종 회사 최고의 임금을 주고 복

리후생이 좋음에도 늘 분규가 끊이지 않았다. 노동조합과는 임단협 조건 외에는 대화가 없었다. 품질향상이나 원가절감 같은 주제는 대화 테이블에 올라오지 못했다. 이런 노동조합에 나를 돌아보고 사회 속의 우리 위치를 고민해 보는 계기를 만들어 주고 싶었다. 고 실장의 헌신적인 노력으로 5개 노동조합 모두 CSR 활동에 참여하게 되었다. 이러한 활동을 비롯한 다양한 CSR 활동은 현대차그룹 전체에 모범 사례가 되었고, 그 결과 2017년에는 그룹 사회공헌 대상을 받기도 했다. 팀장(홍석호)과 팀원들이 피 같은 땀을 쏟은 노력을 인정받았다. 홍보팀은 노동조합의 이러한 활동이 사회에 전파되고 참여자들이 자긍심을 갖도록 열심히 언론에 소개했다.

한편 회사가 추구하는 가치를 사회에 알리는 것도 홍보팀의 중요한 일이다. 2017년 11월 15일 경북 포항시 북구 북쪽 지점에서 규모 5.4의 지진이 발생했다. 이는 2016년 9월 경주에서 발생한 규모 5.8의 지진에 이어 역대 두 번째 규모였다. 우리 사회에 지진에 대한 두려움이 확산하기 전인 2010년경 현대제철은 내진용 철강재를 개발했다. 이 철강재에 브랜드를 도입하고 홍보하는 일은 우리 사회에 건축물의 안전 가치를 인식시키는 중요한 일이었다. 이즈음 도입한 브랜드가 HCORE(에이치코어)였다. 포항 지진이 발생하기 불과 2주 전인 그해 11월 1일 11시에 대대적인 브랜드 론칭 행사를 하고 홍보했는데, 그중 하나가 tvN에 방영된 드라마 '나의 아저씨' PPL이었다. 통상 B2B 제품은 중간 공정에 소요되므로 최종 사용자를 대상으로 한 제품 홍보를 하지 않는다. HCORE를 도입한 것은 최종 소비자의 호응에 중간 소재 기업이 응하는 C2B 전략을 취한 중요한 변화였다. 그동안 건물 콘크리트 속에 들어가는 철강재는 어떤 회사의 제품이든 소비자들은 관심이 없었다. 그렇지만 우리가 지진으로부터 안전한 HCORE를 홍보하자 아파트 모델하우스에서 없던 질문이 이어졌다. "여기에 HCORE가 들어갑니까?" 그 아파트 재개발은 HCORE를 채택한 건설회사가 수주했다. C2B 전략이 통한 것이다.

현대제철은 자동차 강판, 조선용 후판은 물론 철근, H형강 등 다양한 건축 자재를 생산하고 있다. 큰 빌딩 같은 건축물은 기존 규격의 철강재도 사용하지만 독특한 설계를 구현해 줄 새로운 규격의 철강재도 필요로 한다. 따라서 제품을 판매하기 위해서는 건물 기획 단계부터 고객과 협의하게 된다. 평소 마케팅 부서에서는 건축사(설계), 건축구조기술사, 토목구조기술사와 강구조학회, 토목학회, 콘크리트학회, 지진공학회 교수 같은 전문가들과 교류하게 된다.

회사는 이러한 전문가들과의 교류를 체계적·지속적으로 하기 위해 포럼을 구성했다. 이에 나는 이분들이 평소 만나기 어려운 철 조각 예술가와 언론인, 법조인을 포함해서 위원을 구성하고 포럼 이름을 Steel(철), Structure(구조), Safety(안전)의 앞 글자를 모아 '3S 포럼'으로 했다. 그리고 이 포럼은 동창회를 조직해 매년 봄, 가을에는 전임 위원과 신규 위원들이 같이 만나도록 했는데 직원들의 다양한 이벤트 준비로 큰 호응을 받고 있다.

2018년 초, 3S 포럼 위원 중 한 분인 건축구조기술사회 정광량 회장을 통해 '나의 아저씨' PPL 제안이 들어왔다. 평소 광고를 거의 하지 않는 회사에서 브랜드 광고를 하는 것도 큰 결단이었는데 PPL은 아주 생소한 제안이었다. 많은 돈이 들어가는 제안이라 제안 배경을 자세히 알아봤다. 우선 주인공의 직업이 '건축구조기술사'라는 것이 특이했다. 각본을 쓴 박해영 작가는 주인공의 캐릭터를 '타협이 없고 우직하며 사명감이 투철하면서도 따뜻한 사람'으로 설정하고 관련되는 직업을 찾았다고 한다. 인천시 건축공무원으로 근무하던 친구로부터 '건축구조기술사'란 직업을 소개받았다고 한다. 드라마에서 아파트 안전진단을 재건축이 가능한 D등급으로 하도록 상사가 압력을 넣지만 "구조기술사는 구조적 판단만 한다"라는 대사가 주인공의 캐릭터를 잘 보여준다. 또한 대기업에서 일어나는 갈등 구조 속에서도 비정규직을 당당한 사회 구성원으로 성장시키는 시나리오는 내가 늘 지향했고 이루고자 했던 가치였다.

H((CORE

드라마 〈나의 아저씨〉에서 상무 진급 후 안전 진단팀에서 설계실로 다시 돌아온 박동훈(이선균 역)이 "내진 철강재 쓰는 거로 결정난거야?"라고 말하며 팜플릿을 보는 장면에 HCORE 로고가 노출되었다. 또한 여주인공 이지안(아이유 역)을 비정규직에서 정규직으로 성장시키는데 큰 역할을 한 사장(신구 역)이 아파트 건설 현장 방문시 착용한 안전모에도 HCORE 로고가 노출되었다.

PPL은 대성공이었다. HCORE 브랜드도 자주 노출되었다. 드라마가 방영된 2018년 3월 당시에도 시청률이 7.4%로 높았지만 2019년부터 시작된 코로나19와 OTT 바람은 엄청난 재시청률을 기록했다. 사법부의 재판에서도 인용이 되었다. 엄숙한 분위기의 재판장에서 판사가 돌연 드라마 '나의 아저씨' 이야기를 꺼냈다. 2021년 7월 8일 〈조선일보〉 보도에 따르면 창원지방법원 진주지원 형사1부(재판장 정성호)는 "드라마를 보고 느낀 점은 이 세상에 아이유 같은 아이는 많지만, 이선균 같은 어른은 적다는 것입니다"라며 드라마 이야기를 언급했다.

주인공 박동훈(이선균 역)이 이지안(아이유 역)에게 건축사와 구조기술사의 차이를 설명하면서 유명해진 '건물의 내력과 외력'은 지금도 많은 이에게 울림을 주고 있다.

"모든 건물은 외력과 내력의 싸움이야. 바람, 하중, 진동 있을 수 있는 모든 외력을 계산하고 따져서 그보다 세게 설계하는 거야(…) 항상 외력보다 내력이 세게. 인생도 어떻게 보면 외력과 내력의 싸움이고 무슨 일이 있어도 내력이 있으면 버티는 거야."

이미지를 선점하면 회사가 바뀐다

- 사보『푸른연금술사』

기업은 왜 이미지를 중요하게 생각하는가? 일반 소비재 기업(B2C)의 경우 회사 이미지는 바로 매출(수익)으로 직결되므로 매우 중요하다. 따라서 이런 기업은 그만큼 조직과 예산을 투입해서 관리한다. 그러나 철강, 석유화학처럼 소재를 생산하는 기업(B2B)은 굳이 이미지 광고의 필요성을 못 느낀다. 철강을 소재로 사용하는 자동차, 조선, 건설산업 등의 고객은 제품의 품질, 가격, 납기가 중요한 것이지 철강회사의 이미지는 큰 고려 대상이 아니다.

그러나 나는 2004년 홍보를 담당하면서 철강회사도 기업 이미지 관리가 중요하다고 생각했다. 가장 큰 이유는 우리 사회의 가치 지향이 환경을 최우선시하는 사회로 바뀌었기 때문이다. 닥치고 성장이 아니라 깨끗한 성장을 중시하게 되었다. 기업이라면 어떤 사업을 하든 맑은 물, 맑은 공기, 사람과 함께하는 것은 기본적인 전제조건이 되었다.

그런데 철강산업은 태생적으로 이산화탄소를 많이 배출하는 산업이다. 철광석(Fe_2O_3)을 용광로 안에서 녹일 때 석탄을 구운 코크스(C)를 사용해야 한다. 석탄은 철광석(Fe_2O_3)의 철(Fe)과 산소(O)를 분리시키는 환원제(원료) 역할과 용광로에서 열을 발생시키는 연료 역할도 하는 핵심 원자재다. 산소(O)가 사랑하는 철(Fe)과 단단히 붙어있는 것을 인간이 욕망을 채우기 위해 억지로 이혼시키자 화가 난 산소가 탄소(C)를 유혹해서 이산화탄소(CO_2)라는 위자료를 청구하고 있는 것이다. 이처럼 오늘날 지구

온난화의 주역인 이산화탄소는 인간 욕망의 산물이다.

철을 만드는 방법은 위에서 소개한 용광로 공법과는 다른 전기로 공법도 있다. 전기로 공법은 고철을 전기로(爐)에 넣어 전기(電氣)로 고철을 녹이는 공법이다. 이 공법은 코크스 과정이 없으므로 이산화탄소 발생은 없으나 사용하는 전기가 화력발전 같은 탄소 전기를 많이 사용한다. 그런데 용광로 공법의 철보다 품질이 떨어져서 자동차 강판 같은 고급 철강재보다는 건축자재용으로 많이 사용된다.

요즘 철강산업도 탄소중립을 달성하기 위해 전 세계적인 기술경쟁이 벌어지고 있다. 현재 기술적으로 상용화 가능성이 높은 것이 수소환원제철이다. 이는 코크스 대신에 수소(H_2)를 환원제로 사용하는 공법이다. 아마 빠르면 2026년경에 의미 있는 생산이 가능할 것이다. 이 공법의 어려운 점은 환원제로 사용되는 수소가 재생에너지로 만든 그린수소여야 한다는 점이다. 재생에너지가 절대적으로 부족한 우리나라 현실에선 참 어려운 과제다.

이 외에도 플라즈마 제강 반응기에서 수소플라즈마를 사용해 철광석을 환원하고 탄소를 첨가해 쇳물을 생산하는 방식, 알루미늄이나 망간을 원석으로부터 분리하기 위해 사용하는 방식처럼 상온에서 수소 없이 전기를 사용해 철광석에 붙은 산소를 환원시키는 전해 채취 방식도 있다. 그러나 이 두 방식은 현재와 같은 고로 환원 방식의 원가를 따라가려면 한 참 먼 뒷날의 일이다.

따라서 현 단계에서는 수소환원제철을 지향하되 중간 과정으로 고철을 활용하는 방식이 유용한 대안이다. 고철은 네 가지 방향에서 활용도가 중요해졌다. 우선 용광로에서 나온 쇳물(Iron)을 전로라는 용기에서 순도를 높인 철(Steel)을 만들 때 고철 투입량을 늘리는 방식이다. 현재 철 생산 시 10% 정도 투입하고 있는데, 기술적으로 30%까지 가능하다. 그러면 이산화탄소 20% 추가 감축이 가능해진다.

고철 활용도를 높이는 두 번째 방법은 기존 전기로 공법으로 생산되는 제품의 품질을 높여 사용 범위를 넓히는 방식이다. 이 방식을 활용하기 위해서는 고철 품질 관리와 생산기술 혁신이 중요하다.

세 번째 방식은 직접환원철(DRI)과 고철을 같이 사용하는 방식이다. DRI는 철광석 환원제로 가스(CH_4)를 사용한다. 이 방식은 현재 상용화가 되었다. 석탄보다 가스가 비싼 관계로 생산이 저조했으나 최근 이산화탄소 감축이 중요해지면서 수요가 늘어나고 있다. DRI는 이산화탄소 배출량이 코크스 쇳물의 절반 정도다. 이 방식의 장점은 용광로 공법보다 이산화탄소 배출을 획기적으로 줄이고, 전기로 공법보다 품질이 우수한 철 생산이 가능하다는 점이다.

네 번째 방식은 현대제철 당진제철소가 가진 특징을 활용하는 것이다. 당진제철소는 세계적으로 유일하게 한 공장 안에 용광로와 전기로가 같이 있다. 이 방식은 두 가지 쇳물을 섞는 것이다. 쇳물은 1500℃ 이상으로 온도관리가 중요하므로 이러한 방식은 당진제철소처럼 두 공법이 같은 공장 내에 있을 때만 가능하다.

환경을 최우선 가치로 하는 사회의 요구, 코크스와 에너지를 소비해야 하는 철강산업의 태생, 이 둘을 조화시키는 회사의 노력을 소개하는 소식지가 필요했다. 지금까지 철은 '산업의 쌀'로 필수 소재임을 강조하면서 친환경을 요구하는 사회적 가치는 애써 외면해 왔다. 오염물질 배출 법적 기준치 준수로 대응해 왔다. 그러나 이번 기회에 철에 대한 이미지를 새롭게 하는 것이 좋겠다고 생각했다. 회사의 이미지를 홍보하는 수단인 사보와 홍보영화를 친환경 콘셉트로 바꾸기로 했다. 사보 제호를 『푸른연금술사』로 정하고 기존 사보와는 편집을 획기적으로 바꿨다. 자원순환·생태적 사회의 아름다움, 철이 그리는 아름답고 따뜻한 세상, 문학이 주는 삶의 의미를 되새기는 콘텐츠로 구성했다. 회사 소식은 맨 뒤에 간략히 소개했다.

막대한 금액을 투자해서 홍보물을 만들고 대대적인 홍보를 하면 회사가 전하고자 하는 내용은 알려진다. 그러나 그렇게 하는 것은 '전파'는 될지언정 '전달'은 안된다. 따라서 홍보 매체를 통해 회사를 아는 것이 아니라 회사 이미지가 좋아 회사를 알고 싶어 하도록 하는 일종의 C2B 개념이 중요하다. 이렇게 회사를 알게 되면 어떤 일이 있을 때 SNS를 그대로 받아들이는 것이 아니라 먼저 회사를 이해하려고 한다. 그리고 회사가 추구하는 이미지가 사업에 잘 반영되도록 우호적 여론 조성에 도움을 주게 된다. 더 중요한 것은 회사 조직 구성원과 가치사슬상의 이해관계자들이 그러한 이미지 지향에 맞게 활동하게 된다는 점이다. 즉, 이미지 홍보로 회사가 사회와 소통하면, 그러한 소통은 회사를 이미지처럼 하도록 긴장시키게 된다. 다행히 현대제철은 친환경 철강 제조로 가는 루트를 네 가지나 가지고 있지 않은가.

격월간 사보 『푸른연금술사』의 표지. '철은 자연이며 문명이다'는 콘셉트로 철이 가진 자원순환의 의미를 통해 철의 이미지를 변화시켰다.

『푸른연금술사』 발행 15주년 기념 단행본 표지. 2004년 발행 이후 조홍섭, 공선옥, 장석남, 이문재, 박형준, 최원식 등 최고 필진의 주옥같은 글을 모아 단행본을 발행했다.

친환경 콘셉트로 기획·제작을 하는 데는 홍보 업무를 담당하기 전부터 알게 된, 마량 앞바다(『창작과 비평』 정기독자 모임) 회원과 생태경제연구회 회원들이 적극적으로 도와주었다. 마량 앞바다 최경실 시인과 고(故)양승모 시인은 환경·생태를 소재로한 시를 기고하고 많은 시인을 추천해 주었다. 생태경제연구회도 조영탁 교수와 조승헌 박사가 1년 동안 기고를 해주었다. 이분들 외에도 당대 최고의 필진을 모시기 위해 노력했다. 문학 부문은 소설가 공선옥·권여선·김금희·이해경, 시인 장석남·박형준·이정록·김용택·정영·이문재, 평론가 최원식 교수 등이 참여했다. 환경·생태 부문은 한겨레신문 환경 전문기자 조홍섭, 환경운동연합 이상훈 실장, 녹색연합 이유진 박사 같은 분들이 참여해 주었다. 예술 분야는 철 조각 예술가 윤성필·장용선·정현·최우람, 건축평론가 이주연·김정후·현창용 같은 분이 참여했다.

회사가 특별히 정성을 기울인 것은 필자들을 한 번의 기고로 끝내는 것이 아니라 '푸른연금술사 필자'라는 공통 분모로 함께 꾸준하게 교류회를 가지는 것이었다. 교류회 때는 회사의 환경친화적 활동 내용을 공유하고 독자들이 정성스럽게 보내준 손편지(엽서)를 공유했다. 손편지를 보면 우리 사회 구성원들이 환경에 최우선 가치를 두는 소박함·애틋함·절실함을 알 수 있다. 또한 20여 년 지속되다 보니 사회 각 분야 오피니언 리더들의 팬클럽이 형성될 정도로 많은 독자층을 유지하게 되었다. 철을 친환경·

자원순환 관점에서 소개한 최초의 사보였고, 사보의 콘셉트와 콘텐츠를 획기적으로 변화시킨 결과였다. 창간호부터 오랫동안 『푸른연금술사』가 지향하는 일관된 편집 방향을 유지하면서도 다양한 변화를 통해 품격을 지켜온 박경애·채영주 님과 직원들의 노력에 감사를 드린다.

나는 대외업무를 같이 한 관계로 다양한 분야의 오피니언 리더들로 부터 『푸른연금술사』에 대한 과분한 찬사를 많이 받았다. 이를 회사 경영 진에 보고하면 경영진도 의사 결정 시 친환경·자원순환의 가치를 최우선 에 두었다.

『푸른연금술사』 취재를 위해 현장을 답사하고 있는 필자. (예천 개심사지 오층석탑)

/

막대한 금액을 투자해서 홍보를 하면

회사가 전하고자 하는 내용은 알려진다.

그러나 그것은 '전파'는 될지언정 '전달'은 안 된다.

/

홍보에 노출되는 방식으로 회사를 아는 것이 아니라
회사의 좋은 이미지에 공감하여
스스로 회사가 알고 싶어지도록 만드는 일이 중요하다.

/

이런 방식으로 회사를 알게 되면
고객은 자신이 홍보에 노출되는 경험을 할 때,
자신이 먼저 회사를 이해하려고 하는 현상을 보인다.

사보『푸른연금술사』의
수난

홍보란 사회의 가치 지향을 자기 조직에 내재화시키고 조직의 활동은 사회의 가치 지향에 맞추는 과정이라고 했다. 이를 위해서는 조직 내외부의 이해관계자와 열린 마음으로 소통을 해야 한다. 그러나 현실은 그렇게 선의대로 움직여지지 않는다. 특히 현대제철처럼 단기간에 국책 사업 규모의 프로젝트를 추진하기 위해서는 많은 인원을 급작스럽게 채용해야 했다. 짧은 기간에 신규 영입 임직원이 기존 임직원보다 많아지게 되고, 고위직의 경우 능력보다 한두 직급 높게 채용을 했다. 그런데 이들 중 일부는 일보다 사내 정치에 더 신경을 쓴다. 당연히 조직이 정서적으로 안정되지 못한다. 이런 상황에서 '사회의 가치'를 논하는 것은 쉽게 싸움에 걸려들 소지가 된다.

2004년 11월 사보 『푸른연금술사』가 탄생하고 5년여 지나면서 홍보팀도 어느 정도 자리를 잡았다. 2006년 10월 당진 일관제철소 기공식이 거행되고 잠정적으로 2010년 1월에 제1호 고로 화입식(火入式) 일정이 잡혀있었다. 화입식이란 용광로에 불을 짚이는 행사다. 이 행사가 중요한 이유는 화입식 후 24시간 뒤에 쇳물이 정상적으로 나와야 일관제철소 건설이 성공한 것이기 때문이다. 만약 1600도(℃) 쇳물이 정상적으로 나오지 않으면 수 년의 공사가 수포로 돌아간다. 경제적 손실은 물론이고 잠정 확보된 고객도 잃게 된다. 또한 국내외 신인도 하락으로 금융권의 부정적 평가가 따르면서 회사가 존망의 기로에 서게 된다.

홍보팀의 모든 활동도 2010년 1월 화입식에 초점을 맞추고 하나하나 레벨 업(Level Up)을 하고 있었다. 『푸른연금술사』는 그중에서도 회사의 '가치 지향' 면에서 가장 중요한 홍보 수단이었다. 제작사와 함께 잡지의 콘셉트 설정부터 콘텐츠 기획, 필자 초대, 디자인 구성, 필자와 독자 관리 등에 전력을 쏟았다. 사회의 가치 지향을 회사에 접목시키고 이를 통해 회사가 사회의 가치 지향에 발맞추는 '혼'의 매개체였다. 개인적으로는 '바이블' 그 자체였다.

2008년, 정치권에서 낙하한 A 전무가 부장인 나의 상사로 부임했다. 1년여 탐색 기간이 지나자 그는 사보 담당 직원 두 명을 불러서 사보에 관한 온갖 불평을 얘기하기 시작했다. 이 직원들은 초창기부터 5년여 업무를 담당 한 관계로 사보가 추구하는 가치에 공감하고 자긍심을 가지고 일하던 직원들이었다. 몇 달 동안 이런 일이 계속됐다. 두 직원에게는 지독한 고문이었다. 자긍심으로 일하던 직원들에게 사보를 생명같이 여기는 나에게는 함구하라고 명령하니 고민이 이만저만이 아니었을 것이다. 나도 눈치를 채고 있었지만 물어보면 직원들이 더 힘들어할 것 같아 모른체하고 있었다.

2009년 3월 20일 금요일 오후, 외근에서 돌아오니 A 전무가 지시한 사보 표지 사진 두 컷을 나에게 보고했다. 기가 찰 노릇이었다. 그동안 『푸른연금술사』 표지는 생태적 환경이 잘 보존된 곳에서 한 생명체의 아름다

A전무가 사보 『푸른연금술사』 표지 사진으로 지시한 콘크리트 다리와 등대 사진.

운 모습을 고해상도 카메라로 클로즈업 한 사진을 채택했었다. 그런데 지시한 사진은 콘크리트 다리와 등대 사진이었다. 받아들일 수 없었다. 『푸른연금술사』가 추구하는 가치가 능멸 받는 기분이었다. 결단을 내려야 했다. B 부장을 비롯해서 직원들이 필사적으로 말렸다. "앞으로 큰일을 해야 하니 작은 것은 양보하자"라고 눈물로 호소했다. 2009년은 내가 임원 승진을 앞둔 해였다. 직원들은 그 점을 걱정했다. 또 역사적인 화입식을 앞두고 홍보팀의 균열을 걱정했다.

　　그러나 받아들일 수 없었다. 영혼이 빠진 직장 생활은 의미가 없었다. 무엇보다 그동안 구축해온 『푸른연금술사』 필자와 독자들을 외면할 수 없었다. 이분들의 실망하는 모습이 가장 두려웠다. 그리고 회사를 믿었다. 그동안 내가 홍보팀을 맡아 사심 없이 일해 온 것을 회사는 인정해

줄 것이라 믿었다. A 전무에게 전화로 나의 반대 의사를 전달했다. 형용할 수 없는 언어폭력이 이어졌지만 물러설 수 없었다. 그동안 마음고생이 심했던 담당자 채영주 님은 이 일을 계기로 퇴사를 재촉했다. 그는 내가 처음 홍보팀장을 맡고 내 조직 내에서나마 '계층 이동 사다리'를 구축하려고 노력할 때 실력을 발휘하면서 너무나 잘 부응해 준 직원이었었다. 참 안타까운 일이었다. 그 일이 있은 다음 해 5월 나는 임원 승진을 했다. 그리고 얼마 후 A 전무는 회사를 떠났다. 고생한 두 직원은 이 일을 잊을 수 없다며 간단한 소감을 보내왔다. 나는 이 글을 크리스탈 패로 만들어 보관하고 있다.

2004년 사보 『푸른연금술사』 창간 기획에는 창비 정기독자 모임인 '마량앞바다' 회원들이 적극적으로 도움을 주었다. 남도 지역 답사(왼쪽)와 안동 병산서원 만대루에서 토론하는 모습.(오른쪽)

『푸른연금술사』의 또 다른 시련은 그룹 계열사 B 회장과 10여 년간에 걸쳐 세 차례나 계속된 제작권 강탈 시도 사건이다. 2007년 말부터 2017년 사이였다. 당시 현대차그룹에는 정몽구 회장님 외에 작은 계열사에 '회장' 직함을 가진 분이 한 분 있었다. 이 분의 가족이 사보 제작 회사를 운영했다. 『푸른연금술사』의 명성이 그룹 내외로 확산되자 『푸른연금술사』 제작을 그 회사로 넘겨달라고 했다. 처음에는 C 부사장, 몇 년 후에는 D 사장, 또 몇 년 후에는 E 부회장에게 요청을 했다. 한번 요청이 오면 저항해서 좌절시키는데 반년 이상이 걸렸다.

2004년 『푸른연금술사』가 탄생하기 전에 회사에는 '월간 사보'가 있었다. 주로 회사 소식을 전하는 내용으로 구성됐다. 그런데 이 사보의 중요한 특징은 40여 명의 사내 기자단을 운영하는 것이었다. 사내 기자단 대부분은 현장 근로자들 중 문학이나 사진에 취미가 있는 직원들이었다. 그리고 사원 부인들도 몇 분 있었다. 당시 이러한 기자단은 나의 홍보팀장 첫 상사였던 김종헌 상무가 부장 시절에 구성한 것이었는데, 『푸른연금술사』로 개편한 뒤에도 계속 확대 운영을 했다.

2000년 강원산업(현 포항공장), 2004년 한보철강(현 당진제철소), 2015년 현대하이스코(현 순천공장) 인수 후 각 공장에도 현장 근로자 중심으로 사내 기자단을 구성했다. 그리고 현장 부서장의 추천을 받아 부회장 명의의 임명장을 수여했다. 전체 워크숍과 공장별 워크숍을 하면서 친목을 도모하고 노사 간의 신뢰도를 높였다. 이러한 행사에는 나도 자주 참석을 했지만, 팀장과 사보 담당 직원들의 헌신적인 노력으로 기자단과의 감성적 교류를 할 수 있었다. 사내 기자들은 사보의 편집 방향이나 콘텐츠에 의견을 주고, 모니터링도 해주고, 제작에 참여하기도 했다. 이러한 과정은 사내 기자들에게 '우리가 참여하는 사보'라는 주인의식을 갖게 했다.

B 회장의 요청으로 이미 그룹 계열사 중 몇 회사의 사보 제작권이 넘어갔다. 당시에는 B 회장이 그룹에서 거의 유일하게 회장님과 편하게 대화를 하는 사이라고 하니 보험용의 의도도 있었을 것이다. 이런 분들의 대화는 늘 "지난번에 회장님을 만났더니 말이야~~"로 시작한다. 그러면서 '당신 얘기도 언제든지 회장님께 할 수 있다'는 암시를 준다. 그런데 이런 경우 요청받은 회사의 CEO는 흔히 "그깟 사보는 넘겨주지 뭐~" 하는 반응이었다고 한다. 드디어 현대제철 사보도 넘겨달라는 연락이 왔다.

나에게는 언제부턴가 원칙주의자가 아니라 '회교 원리주의자'란 별칭이 붙어 있는 것을 알았다. 그렇다 보니 가끔 상사들은 나에게 직접 지시하기 보다 좀 색다르게 접근을 했다. 처음에는 나의 상사(김종헌 상무)를 불러서『푸른연금술사』에 대해서 호되게 질책을 했다. 김 상무도『푸른연금수사』에 대한 자긍심이 대단했기에 나는 "다 같이 절대 안 된다고 하고 버티자"라고 했다. 우리는 계속 거부를 했다. 답이 없자 B 회장이 다시 C 부사장을 재촉했다. 그러자 이번에는 담당자 채영주 님을 불러서 질책을 했다. 그런데 여기서 생각지도 못한 반전이 일어났다. 채영주 님이 또박 또박 팩트를 가지고 대응을 했다. 모두가 놀랐다. 평소 모아둔 독자 엽서와 사내 기자들의 활동사항 자료가 큰 힘이 됐다. 평소 차분하고 치밀한 성격에다가 일에 대한 열정과 자긍심이 있었기에 가능했다. 그리고 얼마 후 그쪽 회사 담당자를 만나 면담을 했다. 『푸른연금술사』가 어떤 사보이고 이를 가져가면 어떻게 할 것인지 심층 면접을 했다. 결국 그쪽에서 스스로 포기를 했다. 첫 위기는 이렇게 넘어갔다.

몇 년 후에는 D 사장을 통해 두 번째 요청이 왔다. 이번에도 몇 달에 걸쳐서 저항을 했다. 그 과정에서 D 사장으로부터 어떤 암시를 받았다. '나도 너희들 주장이 옳다고 본다. 그러니 내가 거부할 명분을 만들어 오라'는 암시였다. 이에 독자들에게 설문조사 엽서를 발송하고 온라인 신고도 받았다. 이러한 과정에서 사내 기자들이 이러한 사정을 알게 됐다. 『푸른연금술사』가 추구하는 가치를 공유하고 참여를 통해 자긍심을 갖고 있던 기자(현장 근로자)들이 절대적인 반대 의견을 냈다. 두 번째 위기는 이렇게 극복을 했다.

몇 년 후에 또다시 요청이 왔다. 이번에는 두 번의 실패를 겪어서 그랬는지 방법이 좀 달랐다. 나의 직속 상사인 F 전무가 나를 통하지 않고 한동안 홍보팀장을 통해 사보 관련 내용을 확인하는 게 감지되었다. 어느 날 갑자기 F 전무가 E 부회장에게 보고를 같이 가자고 해서 갔더니 대뜸 "사보 인쇄는 회장님과 관련된 분이 해서 절대 안 되고요, 제작은 작은 업체가 하니 넘겨줘도 될 것 같습니다"라고 내 앞에서 보고를 했다. E 부회장의 최측근이었던 F 전무가 담당 임원인 나에게 사전에 한 마디 상의도 없이 부회장 앞에서 못을 박자는 의도로 보였다. 순간 최근의 움직임에 대한 느낌이 있었던지라 즉각 안 된다고 보고를 했다. 그리고 이 전의 두 차례 사례를 상세히 보고했다. E 부회장도 '그런 식의 일 처리는 반대한다'고 의견을 주었다. 그리고 세 번째의 최종 수습에도 사내 기자들의 의견이 큰 힘이 됐다. 사내 기자 중에는 노동조합 대의원들도 있었다.

이렇게 10년에 걸친 세 번의 위기를 넘겼다. 채영주 님, 강학서 사장님, 박승하 부회장님, 지금까지의 『푸른연금술사』 담당 직원들께 특히 감사를 드린다. 실무자의 진지함과 사심 없는 일 처리에는 늘 상사들이 지켜보고 암묵적 지지를 해주었다. 임직원과 독자 덕분에 『푸른연금술사』는 지금까지 20년을 이어오고 있다.

『푸른연금술사』는 사보의 새로운 지평을 개척했다는 평가를 받았다. 2007년 대한민국 커뮤니케이션 대상 수상 모습.

이미지를 선점하면
회사가 바뀐다

- 베르트랑 출연 홍보영화

철강회사의 이미지를 바꾸기 위해 철이 가진 '자원순환'에 주목한 것은 지금 생각해도 가슴 설레는 일이다. 사회적으로 환경의 중요성에 대한 인식이 고조되던 시점에 레스터 브라운의 『에코 이코노미』를 알게 되었고 생태경제연구회 회원들과의 교류는 결정적인 도움이 되었다. 덕분에 사회의 가치 지향을 담은 사보 『푸른연금술사』도 발행할 수 있었다. 『푸른연금술사』가 20년째 정체성과 품격을 유지하는 데 결정적으로 기여한 분은 한겨레신문 조홍섭 전(前) 환경전문기자다. 지금도 그렇지만 그때도 조홍섭 기자는 우리나라 환경운동의 구루(GURU)였다. 본인의 인생 여정과 글(기사)과 삶이 일관되는 존경받는 기자였다. (정권이 바뀔 때마다 그에게 입각 제의가 있었지만 매번 거절했다는 후배들의 전언이 있다.) 다행히 홍보 업무를 하기 전부터 알게 된 박순빈 기자를 통해 섭외가 가능했다. 그 이후 명망 있는 필자를 섭외할 때는 『푸른연금술사』를 보여주면서 조홍섭 기자가 창간호부터 필자라고 하면 어김없이 오히려 본인들이 조홍섭 기자와 함께 해서 영광이라며 흔쾌히 응해주었다.

사보에 이어 회사가 철과 자원순환에 대한 이미지를 선점하기 위해 준비한 것이 홍보영화다. 요즘은 온라인 동영상(OTT)이 회사 이미지 전파에 중요한 수단이 되었지만 2005년 당시에는 회사 방문객에게 회사를 알리는 중요한 수단이 홍보영화였다. VIP부터 일반 내방객까지 홍보영화부터 보여주는 것이 의전 코스였다. 회사 방문객은 홍보영화를 통해 회사에 대한 첫 이미지가 각인된다. 그만큼 홍보영화는 중요했다.

사보 『푸른연금술사』와 마찬가지로 홍보영화도 친환경 콘셉트로 만들기로 했다. 회사를 알리는 객관적인 정보도 소개를 해야 하므로 이미지 편과 정보 편으로 나누어 제작하기로 했다. 광고 회사 입장에서 현대제철 홍보영화를 만들었다는 것은 좋은 영업 수단이 되는 관계로 국내 유수의 광고 회사가 제안서를 제출했다. 사내 고위 임원은 물론이고 외부의 다양한 루트를 통해 청탁이 들어왔다. 이러한 경우 최종적으로 한 회사를 결정하면 탈락한 업체를 통해 많은 소문이 나돌 것이 명확했다. 투명성 확보를 위해 선정 절차와 평가 요소를 모든 제안자에 동시에 공개했다. 옛 현대그룹 광고 전담 회사였던 금강을 비롯한 대기업 계열 회사도 많았지만 투명한 절차를 통해 선정한 광고 회사는 중견기업 그레이프(grape) 커뮤니케이션즈였다.

프랑스 사진작가 베르트랑의 대표 작품집인 『하늘에서 본 지구』(새물결) 표지. 사진은 뉴칼레도니아에 있는 습지에 자연스럽게 형성된 맹그로브 숲이다. 이 책 서문에는 『에코이코노미』의 저자 레스터 브라운이 쓴 '에코이코노미를 건설하자'는 글이 있다.

소위 유명한 광고 회사는 늘 하는 프레젠테이션 자료에 고객사 이름과 간단한 배경만 수정해서 오는 경우가 많았다. 그리고 다양한 연줄을 통해 많은 부탁을 하는 공통점이 있다. 그러나 그레이프는 그러한 부탁 없이 고객의 니즈를 철저히 파악해서 우리가 생각하는 그 너머를 고민하고 구체적인 안을 제시했다. 당연히 좋은 평가를 받았다. 이러한 투명한 절차 덕분에 때아닌 그룹의 감사도 무사히 넘길 수 있었다. 그레이프와 계약을 체결하고 작업이 진행 중인데 그룹 감사가 나왔다. 어떤 이유로 A사를 배제하고 이 업체와 했냐고 추궁했다. 규모가 작은 A사는 무슨 믿는 구석이 있었는지 태도는 물론 모든 면에서 부적합했다. 당시 홍보영화에 남다른 애착을 가진 김무일 부회장과 한정건 전무에게 감사를 드린다. 실무자를 믿고 맡기면서 외풍을 막는 병풍이 되어 주었다.

프랑스 파리 교외에 있는 베르트랑의 자택에서 홍보영화 촬영 중인 모습.

김무일 부회장은 영화에 대한 안목이 전문가 수준이었다. 당시 기업 홍보영화 최초로 영화 음향을 돌비 사운드(Dolbysound)와 5.1Ch을 주문했다. 해외 로케이션도 스위스 융프라우 요흐, 레만 호수와 인터라켄, 체코, 호주, 뉴질랜드, 뉴 칼레도니아 등 아름다운 지구의 모습을 담기 위해 30여 일 동안 소요되었다. 스위스 융프라우 요흐를 필름 카메라로 촬영했고 뉴 칼레도니아의 '보의 하트' 촬영도 우리나라 기업 홍보영화 최초였다. '보의 하트'는 후일 가수 성시경의 뮤직비디오로도 유명해졌다.

　　홍보영화는 단순한 기업 안내가 아니라 현대제철 업의 본질인 철의 자원 순환성을 알리고, 이를 통해 자긍심과 감동을 주는 영화여야 했다. 그레이프 팀과 루돌프필름 박병춘 영화감독, 홍보팀은 숱한 회의를 했다. 많은 논의 끝에 세계적인 환경 사진작가인 프랑스의 얀 아르튀스 베르트랑(Yann Arthus-Bertrand)의 사진집 「하늘에서 본 지구」를 기본 테마로 설정했다. 그리고 베르트랑을 영화에 직접 출연시키고 영상의 권위에 걸맞게 배경음악도 세계적인 오케스트라단이 직접 작곡·녹음·출연하도록 했다. 기본적인 기획과 출연자 섭외는 박 감독이 담당했다.

　　홍보영화 핵심 테마의 상징인 베르트랑을 출연시키기 위해 2004년 12월 프랑스 교외에 있는 그의 집으로 직접 찾아가는 일정을 잡았다. 그런데 사전 섭외시 출연을 약속했던 베르트랑이 철강산업은 반(反) 환경 산업이라 출연을 할 수 없다는 연락이 왔다. 부랴부랴 일본 지사에 연락해서 레스터 브라운의 『에코 이코노미』 영문판을 긴급 우편으로 받아서 곧바로 프랑스로 갔다. 베르트랑의 대표 사진집 「하늘에서 본 지구」에는 『에코 이코노미』의 저자이자 그의 친구인 레스트 브라운이 쓴 '에코이코노미를 건설하자'는 서문이 있었다. 『에코 이코노미』에 있는 고철 재활용이 친환경이라고 쓴 구절을 보여주면서 현대제철이 바로 세계 2위의 고철 재활용 철강 회사임을 알려주었다. 오해가 풀린 베르트랑은 이후 촬영에 적극 협조해 주었고 나는 그의 헬기를 타고 파리 시내를 관광하는 행운도 누렸다.

체코 프라하의 한 스튜디오에서 홍보 음악 〈현대제철 환타지〉를 촬영하는 모습. 실제 음악 녹음은 체코 오스트라바시에 있는 야나첵 오케스트라 홀에서 진행했다.

한편 홍보영화 배경음악(현대제철 환타지)은 체코 오스트라바(Ostrava)시에 있는 야나첵 오케스트라가 작곡·녹음을 했고 직접 홍보영화에 출연도

했다. 5.1Ch로 녹음을 해야 하는 관계로 65인조 오케스트라가 각 파트별로 열네 차례로 나눠 녹음하느라 연주가 14시간이나 진행되었다. 현대제철 환타지는 영화음악계의 거장 한스 짐머(Hans Zimmer)가 연상될 정도로 음악 그 자체로도 좋은 평가를 받았다. 이렇게 제작된 홍보영화는 2005년 THE NEW YORK FESTIVALS에서 WORLD MEDAL을 수상하는 쾌거로 이어졌다. 한편 회사에 대한 구체적인 정보를 제공하는 정보 편은 세 파트로 구성했는데 도입부와 각 파트를 연결하는 브릿지 화면에는 공장 용광로 앞에서 현대무용수가 춤추는 모습을 담았다. 이 또한 철강회사 홍보영화에선 파격이었고 좋은 반응을 얻었다.

홍보영화는 2006년부터 본격적으로 시작된 현대제철 당진제철소 건설 시 해외 고객들에도 좋은 홍보자료가 되었다. 첫 사업이라 철강 원료부터 설비까지 모든 것을 처음 만나서 새로 시작해야 하므로 첫인사는 항상 홍보영화로 시작했다. 영어, 일어, 중국어 등 4개 국어로 녹음된 고화질의 최신 음향은 현대제철에 대한 첫인상을 좋게 하는 데 큰 도움이 되었다.

사보 『푸른연금술사』와 홍보영화는 단번에 철강업계와 광고업계에 화제가 되었다. 무엇보다 철강업계 종사자들이 좋아했다. 철이 문명의 이기라는 장점이 있지만 막대한 에너지를 소비하고 대기오염물질을 배출한다는 점은 늘 유쾌하지 못한 부분이었다. 그런데 가장 앞선 '자원순환 소재'라는 점은 철강인들에게 자긍심을 갖게 했다.

이러한 사실이 홍보되면서 무엇보다 경쟁사가 긴장했다. 그 회사는 자사 제품으로 만든 캔(can)에 꽃을 심어 화분으로 재활용하는 사진을 신문 홍보에 사용하기도 했다. 그로부터 몇 년 후에는 본격적으로 철이 친환경 소재임을 TV 등에 적극적으로 홍보했다. 친환경 도시인 독일 프라이부르크시의 대중 교통수단 모습 등을 화면에 담아 대대적으로 홍보했다. 이러한 홍보는 철강인 모두에게 기쁜 일이었다.

홍보영화 촬영지인 스위스 레만호수에 있는 철 조각작품.

이미지를 선점하면
회사가 바뀐다
– 세계 최초의 자원 순환형 그룹

현대제철의 당진 일관제철소 추진은 결코 쉽지 않은 프로젝트였다. 네 번의 도전에 실패하고 결국 다섯 번째 도전에 성공했다. 그 자체가 우리나라 산업사의 한 역사다. 철강회사는 크게 세 종류가 있다. 고로 회사는 용광로에서 철광석을 코크스로 녹여 반제품(슬라브와 열연)과 제품(자동차 강판, 후판 등)을 만든다. 전기로 회사는 수명이 다한 철(고철)을 전기로(爐)에서 전기(電氣)로 녹여 철근, 형강을 만든다. 압연 회사는 반제품을 다시 가열·압연해서 후판이나 자동차 강판 같은 냉연 제품을 만든다. 고로 회사가 한 장소에서 압연까지 다 하는 경우를 '일관(一貫)제철소'라고 한다. 포스코의 포항·광양제철소와 현대제철의 당진제철소가 여기에 해당한다.

자동차용 강판이나 조선용 후판을 생산하기 위해서는 일관제철소가 필요하다. 이러한 제품은 용광로 쇳물로 만든 고순도·고품질을 필요로 하기 때문이다. 그룹이 분할된 2000년 이전 현대그룹이나 이후 현대차그룹은 늘 고품질 철강 제품 부족에 시달렸다. 1973년 첫 쇳물을 생산한 국내 유일의 일관제철소인 포항제철은 공급 능력보다 수요가 많아 '배급'을 해야 할 정도였다.

이에 정부는 1978년 초 제2제철소(현 포스코 광양제철소) 건설을 선언했다. 현대그룹과 포항제철 간에 제2제철소 허가권을 얻기 위한 전쟁이 시작되었다. 독점 강화를 통한 규모의 경제와 경쟁을 통한 효율성 논쟁이 벌어졌다. 여론은 팽팽했으나 당시 박정희 대통령이 규모의 경제를 통한 포

항제철의 안정적 성장을 중시했다. 일관제철소 진출을 위한 현대그룹의
첫 번째 도전은 실패했다. 이후 정주영 회장은 1994년 7월과 1995년 9
월 부산 가덕도에 일관제철소 건설을 연이어 추진했으나 정부에서 계속
불허했다.

현대자동차그룹 10년사 표지. "친환경 자원순환형그룹으로 새롭게 도약했다"고 공식 기록했다.
『쇳물에서 자동차까지』 금속 라벨은 당진제철소에서 생산한 첫 제품에 각인한 것이다.

1996년 1월 현대그룹 회장으로 취임한 정몽구 회장은 취임사에서
일관제철소 건설 추진을 선언했다. 1997년에는 경남 하동으로 장소까지
확정했다. 그러나 정부에서는 계속 공급 과잉을 이유로 불허했다. 이에 현
대는 이를 바꿀 수 있는 힘은 '여론'밖에 없다고 보고 전국적으로 280만
명의 서명을 받아 제출했다. 이번에도 정부는 불허했다. 그럼에도 정 회

장은 독일 티센제철소를 방문해 합작투자 제안을 받아오고 그해 10월 28일에는 경상남도와 제철소 건설 기본 합의서를 체결했다. 그러나 이번에는 IMF외환위기로 스스로 접어야 했다. 20여 년간 부자(父子)에 걸친 네 번의 도전이 실패로 돌아갔다. 이때 발족한 '종합제철사업 프로젝트' 단장이 현대그룹 종합기획실 이계안 부사장이었고 인천제철 한정건 이사도 한 멤버였다.

2004년 3월 정부는 당시 법정관리에 있던 당진 한보철강 매각을 발표했다. 다섯 번째 도전이 시작되었다. 이전에는 정부를 통한 대결이었으나 이번에는 포스코와의 맞대결이었다. 포스코는 한보철강(부지)이 필요하지 않았으나 현대차그룹이 인수하는 것은 막아야 했다. 현대차그룹은 여기(한보철강 부지) 아니면 방법이 없었다. 사회적으로 환경의 중요성에 대한 인식이 높아져 이제 새로 갯벌을 매립하고 청정해안을 훼손하는 것은 사회적으로 용납이 되지 않았다. 다행히 한보철강이 운영하던 부지는 이미 갯벌이 매립되었고 수심이 깊어 일관제철소 건설이 가능한 곳이었다.

치열한 인수 경쟁이 벌어졌다. 그전 해에 2400억 원에 유찰되었던 매각이 양사 간의 경쟁으로 9800억 원이 되었다. 신(神)이 놀랄 정도로 금액이 똑같았다. 그런데 현대차그룹 INI스틸(구 인천제철, 현 현대제철)은 한보철강 종업원 승계와 임금 인상 등 부대조건에서 좋은 평점을 받아 최종 승자가 되었다.

고(故) 정주영 창업 회장의 혜안이 입증되었다. 1978년 포항제철과 제 2제철소 허가 인수 경쟁이 진행될 때 정주영 회장은 당시 법정관리로 있던 인천제철을 인수했다. 인천제철은 전기로 회사로 건설용 철근을 생산하고 있었다. 정 회장은 "아무래도 철강회사를 하나 가지고 있어야 나중에라도 이를 기반으로 일관제철소 진출이 유리할 것이다"라고 인수 이유를 말했다. 정주영 창업 회장(1915~2001)이 인천제철을 인수했기에 한보철강 인수도 가능했고 일관제철소 건설도 가능했다. 도전 26년 만에 진출하고 32년 만인 2010년 당진제철소에서 첫 쇳물이 쏟아졌다. 오늘날 현대차가 세계 톱 3가 된 것에는 인하우스(In House) 제철소가 크게 기여하고 있다.

다시 2004년으로 돌아가서 홍보팀장의 역할을 고민하던 시기, 환경 연구·운동 단체인 생태경제연구회와 문학동아리 '마량앞바다' 회원들의 도움으로 친환경을 홍보 콘셉트로 잡았다. 사보 『푸른연금술사』를 만들고 세계적인 환경 사진작가 베르트랑을 홍보영화에 출연시켰다. 이때까지만 해도 고철을 재활용하는 전기로 회사였다. 2004년 10월 21일 정몽구 회장은 한보철강 인수 후 첫 당진제철소 방문에서 일관제철소 진출을 선언했지만, 공식 발표는 2005년 5월 19일에 했다. 그리고 본격적인 건설과 홍보는 2006년 10월 27일 노무현 대통령이 참석한 기공식 이후였다. 홍보팀 입장에서는 논리적 모순에 빠졌다.

일관제철소는 불가피하게 이산화탄소를 배출한다. 물론 법적 기준은 충족하지만, 높아진 사회의 환경 인식 상 친환경으로 홍보하기에는 스스로가 용납이 안 되었다. 1년여에 걸친 긴 고민이 이어졌다. 〈일관제철소-자동차 강판-폐차-고철-전기로에서 철근 생산-건설에서 사용-폐자재는 다시 전기로에서 재활용〉이라는 개략적 흐름을 잡고 있었지만, 폐차 처리 부문만 현대차그룹이 직접 하지 않고 있어서 이를 어떻게 연결할지 고민이었다. 그러던 중 2005년 11월 8일 자로 A 종합지에 현대자동차 남양연구소가 '자동차 리사이클링 센터'를 준공했다는 1단 기사가 나왔다. "이로써 현대·기아차는 제품 개발부터 생산, 폐차 및 재활용에 이르기까지 친환경 기술 연구시설을 확보하게 되었다." 기사를 읽는 순간 나에게는 '유레카!'였다.

세계 최초(유일)의 자원순환형 그룹을 보여주는 도표. 현대제철 고로 제철소에서 만든 자동차 강판으로 만든 차가 폐차되면 리사이클링센터에서 분해 후 현대제철 전기로에서 다시 철근 등 제품으로 재탄생해 건설에 사용된다. 건물이 해체되면 다시 고철을 회수해서 전기로에서 재활용된다. 1톤의 철이 40회 재활용되고 누적 10톤의 역할을 하게 된다.

현대차그룹 내에서 자원순환이 가능해졌다. 그렇게 해선 만든 홍보 논리가 '세계 최초의 자원순환형 그룹'이었다. 논리는 만들었는데 외부의 반응이 걱정되었다. 팀원들도 논리는 좋다면서도 내외부 평가를 걱정했다. 그러던 중 B 경제지에서 2006년 3월 2일 자로 전면(全面) 4면에 걸친 기획기사 게재를 제안해 왔다. B 경제지는 당시 업계 2위 기업을 소개하는 시리즈를 기획했는데 '4면 증면 기획'은 언론사 최초의 시도였고 첫 회가 현대제철이었다. 배경인즉, 다보스포럼에서 B 경제지 회장과 기아차 CEO가 만나 '당진제철소 건설 현황과 비전을 국민께 제대로 소개하자는 합의를 했다'라고 전했다.

'세계 최초의 자원순환형 그룹'을 조심스럽게 설명하니 담당 기자가 무릎을 쳤다. 산업부장과 편집국장도 좋다고 했다. 단순한 도표도 같이 소개했다. 문제는 회사와 그룹의 반응이었다. 당시 일관제철소 홍보에 관한 큰 지침은 경쟁사를 자극하지 말고 지시하지 않은 홍보는 하지 말라는 것이었다. 조그마한 후발주자가 거대한 선발 회사와 부딪쳐서 좋을 것이 없다고 본 것이다.

기사가 나가고 질책이 없었다. 다행이었다. 홍보는 혼나지 않으면 기본을 한 것으로 인식한다. 일관제철소 관련 기사는 그룹 최고 경영층에 항상 보고 된다. 처음 나온 논리라서 그랬는지, 그룹의 반응을 기다리다가 잊었는지 아무튼 질책이 없었다. 기사가 나가고 몇 개월 뒤 출입 기자단을 일관제철소 건설 현장으로 초대했다. 그런데 기술연구소 홍보관에 가니 '자원 순환형 그룹' 도표를 멋지게 만들어서 전시해 놓고 기술연구소장이 아주 자랑스럽게 브리핑했다. 기자들도 기사로 소개를 많이 해주었다.

이를 계기로 자신감을 가지고 적극적으로 홍보했다. 급기야 2011년 3월 '현대차그룹 10년사'를 발간하면서 "2000년 9월 현대자동차그룹 출범 이후 지난 10년 동안 자동차 전문그룹에서 친환경 자원 순환형 그룹으로 새롭게 도약했다"라고 기록했다. 그리고 2011년 6월 현대제철 철강상 시상식에서 홍보팀은 자원순환형 그룹 홍보 논리 개발로 유공자상 대상을 받았다. 그동안 누가 만들었는지 몰랐거나 홍보대행사에서 했을 거라고 짐작했었던 친환경 자원순환형 그룹 논리의 작가가 밝혀진 것이다. 그리고 현대차 양재동 사옥 안내데스크 스크린에는 내가 퇴직한 2020년 말에도 이러한 내용이 5분마다 반복해서 안내되고 있었다.

이제 일관제철소 철광석 환원제인 코크스도 그린수소로 바뀌는 시대가 다가온다. 현대차는 세계 최고의 수소차 생산 회사다. '세계 최초의 자원 순환형 그룹'이 수소 시대를 어떻게 담을지는 후배들의 몫이다.

자원순환형
사업구조 완성

현대자동차그룹의 탄생은 우리나라 자동차산업이 새 도약의
길로 나아가는 전환점이었다. 대한민국은 현대자동차그룹을
중심으로 자동차산업을 미래 핵심산업으로 확대 발전시킬 수
있는 계기를 마련했다. 지난 10년 간 현대자동차그룹은 관련
부문어 수직계열화를 성공적으로 추진, 각 사업 부문이 탄탄
한 입지를 구축함으로써 완성차 중심에서 부품, 소재, 금융,
물류 사업을 아우르며 명실상부한 글로벌 자동차전문그룹으
로 도약했다. 현대자동차그룹은 여기서 환경을 더 나아가 원
관제철소의 본격 가동과 함께 세계 최초의 친환경 '자원순환
형그룹'으로 거듭나고 있다.

한국 자동차산업 메카 출범

1 수직계열화를 넘어 자원순환형 구조로 전환

2000년 9월 1일 국내 최초의 자동차전문그룹 '현대자동차그룹'이 탄생했다.

현대자동차그룹이 탄생은 우리나라 자동차산업에 새로운 획을 긋는 일이었다. 자동차산업과 긴밀히 연관된 회사들로 이루어진 자동차전문그룹의 탄생으로 우리나라는 자동차업을 미래 핵심산업으로 확대 발전시킬 수 있는 제기를 마련했다.

특히 국내 1, 2위 업체가 결합해 탄생한 현대자동차그룹은 수직계열화를 넘어 자원순환형 구조로 도달할 수 있는 기틀을 다지게 되었다.

현대자동차그룹은 출범과 함께 관련 업종간 유기적 협력체제를 구축하고, 그룹 시너지를 극대화하고 이를 통해 경쟁력을 획기적으로 향상시켰다. 주요 부품, 소재, 설비, 물류 등 자동차 자원 환경 하에 최종까지 고객에게 만족하는 내부요소이한 각 사업 부문이 주직계열화 세계를 구축함으로써 제고 등을 통한 고객만족과 수익성 향상에 앞장 서기로 마련했다.

현대자동차그룹은 부선 2000년부터 현대모비스를 중심으로 ...

157

김경식의 홍보오디세이 3부

회계연도를 넘기면서까지
따진 내부거래 정산

대(大)그룹에서 일하다 보면 회장님 가족분들이 경영하는 회사들과 불편한 관계에 놓일 때가 가끔 있다. 나의 경우 회장님이 만족해하는 행사를 마치고 행사 비용 문제로 그룹 계열 광고 회사인 I사와 그런 일이 있었다.

2010년 4월 8일, 당진제철소 제1고로 준공식 행사는 성공리에 끝났다. 이날 행사는 현대차그룹 자체적으로도 의미가 있었다. 정주영 창업 회장도 못 했던 일관제철소 건설을 4전 5기로 해냈다는 것이었다. 여기에 의미를 더하는 것은 이 행사에 이명박 대통령이 참석했다는 점이다. 당시 이 대통령은 남북 간의 연이은 군사 충돌로 외부 행사 참석이 없었다고 한다. 2009년 11월 10일 우리나라 해군과 북한 해군 고속정 간 3번째 교전인 대청해전이 있었다. 그리고 2010년 3월 26일에는 북한 잠수함의 어뢰 공격으로 천안함이 침몰 되었다. 46명의 젊은 용사들이 희생되었으며, 구조 과정에서 한주호 준위가 순직했다.

남북 간의 대치 상황임에도 다행히 대통령이 행사에 참석했다. 창업 회장의 일관제철소에 대한 집념·추진·실패를 가장 가까이서 함께 했던 이명박 대통령이 참석하는 행사라 회장님 입장에서도 더 뜻깊은 행사였다. 행사 후 대통령을 배웅하고 회장님이 "오늘 저녁에 TV 광고 나오는 거지?"라고 주위에 물으셨다. 동시에 모두 "예, 회장님!"이라고 말씀을 드렸다.

잠시 후 여러 임원들의 전화가 빗발쳤다. 홍보 담당자인 나는 참으로 난감했다. 이번 행사는 신문광고만 하고 TV 광고는 안 한다고 몇 번이나 보고를 드리고 승낙을 받았었다. 그런데 갑자기 TV 광고를 하라니? 무엇보다 TV 광고는 사전에 광고 내용에 대해 심사 당국의 승인을 받아야 하므로 며칠이 소요된다. 또 이미 짜인 방송국의 광고 편성 중 다른 회사의 광고와 교체를 해야 하는 어려움이 있다.

오후 3시경 지시가 떨어졌고 8시 뉴스부터 광고가 나와야 하니 5시간밖에 시간이 없었다. 난감했지만 나의 답변 또한 간단했다. "예, 알겠습니다!" 현대차그룹에서 일하면서 익숙해진 루틴이다. 생각하고 일을 하는 게 아니라 일을 하면서 생각해야 한다. 조건반사적으로 숙달이 되어 있었다.

바로 그룹 광고 대행사인 I사와 작업에 들어갔다. 기존에 촬영해 뒀던 영상을 편집하고, 광고 메시지를 준비해서 한국방송광고진흥공사(KOBACO) 심사 준비에 들어갔다. 광고 편성은 다행히 기존 예정된 현대차와 기아의 광고와 교체가 가능했다. 8시 뉴스부터 광고가 나갔다. 이 모든 과정을 I사 직원들이 훌륭히 수행해 주었다. 준공식 행사 언론 보도부터 저녁 TV 광고까지 홍보팀 업무는 잘 진행이 되었다. 나는 5월 1일 자로 임원 승진을 했다. 이번에는 지상(紙上) 발령이 났다. 준공식 홍보가 잘 못되었으면 '또' 다른 사람에게 기회가 돌아갔을지도 모른다.

행사를 마치고 I사에서 구두로 대금 청구를 해왔다. 예상했던 것보다 너무 많은 금액이었다. 지루한 공방을 통해 조율이 이어지고 최종 합의까지는 무려 1년이나 걸렸다. 그 사이 양사 실무자 간의 미팅이 수없이 진

현대제철

현대제철의 용광로가
대한민국의 희망을 만듭니다

세계 최고의 친환경 제철소, 현대제철 당진 일관제철소 준공
자연과 공존하는 '녹색 제철소'의 꿈을 단기간에 성공적으로 이뤄낸 현대제철
8만명 고용창출과 80억불 수입대체 효과로 우리 경제의 희망이 되겠습니다

2010년 4월 8일 당진제철소 고로 1호기 준공식 신문광고

행되었다. I사 대표이사 명의의 공문도 두 번이나 전달되었다. 공문은 '이미 제작 참여 회사에 작업비를 지급했으니, 대금을 달라'는 내용이었지만 확인해 보니 아직 작업비는 지급되지 않은 상태였다. 그래서 대금 내역을 직접 확인할 요량으로 세부 제작 명세서를 요청해서 받았다. 카메라가 몇 대 동원되었는지, 조명기구가 얼마나 소요되었는지 따져보기로 했다. 홍보영화 제작 때 알게 된 촬영 감독에게 홍보팀 직원을 보내 영상 촬영 장비 소요와 임대료에 대한 자문도 받았다.

급기야 I사 담당 전무가 두 번이나 찾아왔다. 그는 항상 "고문님께서 현대제철에 관심이 많고 회의 때마다 잘해드리라고 늘 말씀하십니다." 이렇게 인사를 했다. 고마운 말씀이었다. 고문님은 정몽구 회장님의 장녀를 말한다. 그렇지만 엄격히 점검하는 일을 그만둘 수는 없었다. 인사를 들으면서도 속으로는 '제발 준공식 광고 대행료를 아직 못 받고 있다고 고문님께 보고 좀 드려 달라'고 말하고 싶었다. 연말이 다가오자 I사 대표이 사가 현대제철 CFO(K 부사장)에게 대금 지급 독촉을 하는 상황이 벌어 졌다. 당시 K 부사장은 일관제철소 관련 회장님 보고 멤버 중 한 분이었 고 제철소 투자에 소요되는 막대한 자금을 잘 조달해서 그룹 내에서 존재 감이 있었다.

강학서 사장(오른쪽 두 번째)과 함께 울산 현대중공업 본사 의전실 정주영 창업회장님 흉상 앞에서.(왼쪽이 필자)

K 부사장의 호출에 경위를 말씀드리니 호통이 떨어졌다. "왼쪽 주머 니든 오른쪽 주머니든 다 회장님 주머니다! 네가 왜 따지냐!?" 평소 나는 명분과 원리원칙을 중시하는 일 처리로 주위에 불편해하는 사람들의 민 원이 있었다. 그때마다 K 부사장이 방패 역할을 해주었다. 그만큼 나를 아 끼는 분이 호통을 칠 때는 그만한 이유가 있었을 것이다. 그렇지만 나도 좀 언성을 높이며 말씀을 드렸다. "예, 부사장님! 그래서 저는 한 주머니에 그대로 두자는 것입니다."

이 일이 있고 나서 대금 청구서가 왔다. 1억 원에 가까운 금액이었다. 돌려보냈다. 8개월여의 긴 협상에 10% 가까이 낮춰 금액을 제시해 왔다. 계열사 간 업무라고 시간에 쫓겨 대충 넘길 수는 없었다. 결심을 했다. 해를 넘겨야 하니 회계 처리는 알아서 하라고 회계팀에 통보를 했다. 그리고 만 1년이 지난 다음 해 4월 최종적으로 최초 제시 금액의 50% 수준에서 합의가 이뤄졌다.

내가 계열사 간 거래, 그것도 회사의 실질적 경영자가 회장님의 가족임에도, 또 어떤 사람의 표현을 빌리자면 '임원까지나 된 사람'이 이렇게 엄격하게 한 것은 나름 이유가 있었다.

기업이 성장을 하게 되면 가치사슬이 복잡해진다. 특히 경제가 고도 성장을 할 때는 타인 자본(자금) 동원 능력 즉, 계열사 확장 능력이 기업에는 중요하다. 각 그룹은 거래비용을 줄이기 위해서, 또는 업무의 기밀 유지가 필요해서, 또는 상속을 목적으로 계열사를 늘려간다. 여기까지는 사회적으로 공식화된 패턴이다. 거래 관계가 투명하면 문제 될 것도 없다.

I 사는 2005년에 설립되었다. 당연한 일이지만 회사 설립 초기에는 그룹 계열사 광고가 대부분이었다. 매년 말이 되면 제주도 해비치 리조트로 계열사 홍보팀장을 초대해서 고객 사은 행사를 했다. 출발 전부터, 김포공항, 제주공항, 해비치 리조트에 가는 동안 그룹사 홍보팀장(부장)들임에도 의전이 놀랄 정도로 격이 있었다. 평소 현대백화점 1층 출입구 의전

을 보고 '현대'도 저렇게 할 수 있구나, 하는 생각을 한 적이 있었는데 그 이상이었다. 당시에는 '현대=투박'이란 이미지가 있었다.

해비치 리조트에 도착하니 고문님을 비롯한 임원들이 버스에서 내리는 직원들에게 90도 인사를 했다. 2박 3일간 워크숍을 하고 골프도 치면서 고문님과도 즐겁게 지냈다. 항상 먼저 대화를 걸어오고 편하게 해주려는 마음 씀씀이가 느껴졌다. 시중에서 흔히 이야기하는 재벌 3세가 전혀 아니었다.

그럼에도 꼼꼼하게 따지게 된 것은 나의 일 처리 원칙도 있었지만, 당시 I사 일부 직원들의 일하는 태도가 더 컸다. 그리고 회계연도를 넘겨가면서까지 따지면서도 내가 느낀 고문님의 성품으로는 절대 나를 질책하지 않을 것이라는 믿음도 있었다.

광고 회사는 대부분의 작업을 외주(아웃소싱)로 진행하게 된다. 홍보영화 촬영 때 광고주, 광고 대행사, 외주사 간에 아이디어 회의를 많이 해서 좋은 결과를 얻었던 기억이 있었다. 그런데 당시 I사 직원은 단순한 전달자에 불과했다. 광고주가 일의 배경과 희망 사항을 얘기하면 이 회사 직원은 외주사에게 "알아들었지?" 하고는 회의를 끝냈다. 그 배경에는 고문님의 희망과는 다른 잘못된 믿음의 구석이 있었을 것이다. I사 직원의 일하는 태도에 대한 불평이 다른 계열사로부터도 들려왔다. 회사 초창기 자유분방한 광고업계 직원들이 갑자기 제조업 스타일의 그룹사에서 일하다 생긴 문화충돌일 수도 있었다.

그런 엄청난 일이 있었지만 나는 그 이후 임원으로 승진을 하면서 11년간 근무했다. 준공식 행사 7년이 지난 2017년 11월 1일 11시에는 드라마 '나의 아저씨' PPL 광고를 했던 HCORE(에이치코어) 브랜드 광고 발표와 론칭 행사가 있었다. 이 행사도 I사가 대행을 했는데 광고는 물론 행사에 대해 고객들로부터 호평을 받았다. 회사 경영진과 직원들도 모두가 만족한 행사였다. 이번에는 I사가 청구한 금액이 너무 적어 보였다.

우리나라는 대부분의 그룹에서 계열사 간 내부거래가 많다. 계열사의 경영자가 오너 가족일 경우에는 거래 행위의 판단 기준을 법에 많이 의존한다. 이런 경우 법을 의식하기 전에 스스로가 더 엄격해야 한다. 그렇게 하는 것이 회사를 더 건강하고 튼튼하게 키워 모두에게 도움이 된다.

2017년 11월 1일 11시, I사 주관으로 진행한 HCORE 브랜드 론칭 행사가 성공적으로 마무리 되어 직원들이 밝은 표정으로 기념 촬영을 했다.

회장님 가족들과의 전쟁

대(大) 그룹에서 일하다 보면 회장님 가족분들이 경영하는 회사들과 불편한 관계에 놓일 때가 가끔 있다고 했다. 앞에서 소개한 당진 일관제철소 준공식 TV 광고 비용 건은 그룹 홍보대행사 I사와의 갈등이 좋게 마무리된 케이스다. I사도 그 이후 고객 만족도가 많이 좋아졌고, 끝까지 고집을 부린 나도 그 이후 10년 이상 임원으로 승승장구했다. 많은 지인들은 "그래도 현대니까 그게 가능했다. 다른 그룹 같았으면 대리 진급도 못 했을 것이다"라고 했다.

인류의 역사에 대해서는 다양한 관점이 있고, 나름대로 논리가 있다. 기업인 출신인 나는 '인류의 역사는 기업의 역사'라는 생각을 하게 된다. 기업이란, '욕망 있는 인간이 탐욕 있는 자본을 다루는 곳'이라는 게 나의 생각이다. 이 과정에서 문제가 있다면 기업이 아니라 그것을 다루는 인간에게 문제가 있다고 봐야 한다. 사회적으로 지탄을 받던 기업이 경영자의 교체로 좋은 기업으로 변하는 사례는 많다.

따라서 욕망을 가진 인간이 탐욕을 가진 자본을 공공선(公共善)이 되도록 하기 위해서는 법과 제도로 받쳐주어야 한다. 이 또한 인간의 몫이다. 따라서 기업을 부정하기보다는 기업이 공공선을 추구하도록 더 참여하고, 더 비판해서 더 다듬어지도록 해야 한다. 그 역할을 해야 하는 자가 언론과 시민단체다. 내부자가 있다면 더 좋겠지만 잘 없고, 그만한 재목으로 성장하기도 어렵다.

기업이 국력이고 복지다!, 좋은 기업이 좋은 사회를 만든다! 고 나는 생각한다. 많은 사람들이 기업과 기업인(오너)을 동일시하고 있다. 이는 우리나라 기업의 역사가 정경유착의 측면이 강했고, 이사회를 중심으로 한 거버넌스가 제대로 작동되지 않고 있는 것에 기인한다. 여기에다가 일부 오너 가족들의 일탈이 이어지다 보니 '기업=오너 사유물'로 인식하게 되었다.

그러나 이는 거버넌스가 제대로 작동되도록 제도를 다듬어야 할 문제이지 기업을 망치게 할 문제는 아니다. 다행히 나는 직장 생활 초기부터 시민단체와 교류를 했었고, 또 직장 생활의 절반은 언론인들과의 교류 속에서 살았다. 회사 생활에서 만나게 된 시민단체와 언론인과의 교류는 내가 가진 기업관을 내 조직의 영역 내에서나마 실천을 하는데 큰 힘이 되었다.

2020년 1월 4일, 한 유력 경제신문에 '현대제철, 실적 부진 강관사업 매각 나선다'는 단독 기사가 크게 나왔다. "현대제철이 강관사업부를 자회사인 현대BNG스틸에 매각하는 방안을 검토하고 있다. 3일 철강업계에 따르면 현대제철은 강관사업부를 매각하기 위해 외부 컨설팅을 했으며 매수 주체인 현대BNG스틸에 대한 컨설팅도 하고 있다. 업계에서는 이르면 이달에 매각 절차가 진행될 수도 있을 것으로 보고 있다." 매수 주체가 '현대BNG스틸(BNG)'로 되어있었다.

당시 나는 기획실장으로 근무하면서 구조조정 작업을 하고 있었다.

내 업무는 크게 회사 중장기 전략을 담당하는 기획과 홍보를 포함한 대외 업무 두 파트였다. 내가 다루는 구조조정 업무가 내가 관장하는 홍보팀도 모르게 대형 기사로 나왔다. 즉각 해당 신문사에 '이는 사실이 아니다'고 항의를 했지만 받아주지 않았다. 이런 기사는 신문의 내용대로 되기를 바라는 자가 '잘 안되니까' 언론사에 제보를 해서 자기에게 우호적 여론 조성을 목적으로 한 것이다. 어떤 경우는 주식시장 작전용으로 이용되기도 한다.

현대BNG스틸의 대표이사 사장은 정일선 씨였다. 그는 강관(pipe) 사업 인수에 많은 공을 들였다. 그룹 VIP와의 특수 관계를 이용해서 현대 제철은 물론 그룹 요소요소에 인수 지원을 호소했다. 현대제철과 BNG 탑(TOP) 경영진 간에 수차례의 골프 회동과 만찬도 했다. 그 자리에는 매각 작업의 주 책임 임원인 나도 참석을 해서 주(酒)공도 많이 받았다.

당시 현대제철은 인수합병을 많이 한 관계로 회사 내에 사업 종류가 너무 다양했다. 따라서 비 주력 사업은 매각을 하든가, 일단 독립을 시켜 줄 필요가 있었다. 이러한 구조조정에는 장단점이 있게 마련이다. 분리되는 직원 입장에서는 회사가 작아지므로 신분상의 불이익을 걱정할 수도 있으나, 오히려 분리 후 자율역량으로 성장할 수 있는 기회도 된다. 회사 입장에서는 비 주력 사업 매각 대금으로 재무구조를 개선하고 자원을 핵심사업에 집중할 수 있다. 인수하는 회사에서는 새로운 성장의 기회가 되기도 하지만, '승자의 눈물' 사례도 많다.

당시 기획실에서는 구조조정(spin off) 대상으로 몇 가지 사업을 검토하고 있었다. 그중 강관사업은 연 매출액 1조 원 정도로 규모가 컸다. 당시 매출액 5천억 원 수준의 BNG 입장에서는 회사 규모를 일시에 키울 수 있는 기회로 봤다. 그러나 현대제철은 BNG의 지분 41%를 가지고 있는 모회사였다. 따라서 매매계약이 '특수 관계인' 거래가 되므로 매우 엄격하게 다루어야 할 사안이었다.

검토 결과 사업 시너지를 내기가 어려웠다. BNG는 현금이 없어서 인수대금을 현물출자로 하자고 요구했다. 이렇게 되면 BNG에 대한 현대제철의 지분은 75%나 된다. 또한 현대제철에는 비핵심사업 매각으로 핵심사업 투자 재원을 확보한다는 구조조정의 명분도 없어진다. BNG도 부채비율이 55%의 우량회사에서 인수 후에는 230%로 높아진다. 또한 대미 통상 이슈 발생과 종업원 승계 갈등의 이슈가 우려되었다. 무엇보다 거래 목적이 특정 계열사만의 이익에 치중될 경우 업무상 배임 성립 가능성도 있었다.

그러나 회사 간의 관계도 '특수'하지만, BNG '대표이사'가 '특수 관계인'이라 '특수'하게 다루어야 한다는 내부 분위기가 있었다. 상대의 인수 의지가 강했고 그래서 모두가 '특수'스러워했다. 그러나 그럴수록 나의 '거친 반대 주장'의 강도도 높아졌다. 이는 법적으로도 안 되지만 그룹 VIP

현대제철, 실적부진 강관사업 매각 나선다

자회사 BNG스틸에 넘길수도
철강산업 불황에 구조조정
매각위한 외부컨설팅 진행
영업 개선위해 車강판 집중

현대제철이 강관사업부를 자회사인 현대BNG스틸에 매각하는 방안을 검토하고 있다.

3일 철강업계에 따르면 현대제철은 강관사업부를 매각하기 위해 외부 컨설팅을 했으며 매수 주체인 현대BNG스틸에 대한 컨설팅도 하고 있다. 업계에서는 이르면 이달에 매각 절차가 진행될 수도 있을 것으로 보고 있다.

현대제철은 자동차·조선·건설 등에 사용는 열연·냉연·후판·강판 제품을 생산하고 있다. 이 중 강관사업부를 현대BNG스틸에 넘기며 사업 포트폴리오를 재정비하는 것이다. 강관사업부는 2015년 현대제철이 현대하이스코를 인수·합병(M&A)하면서 현대하이스코의 강관사업부를 흡수했다. 현대하이스코 강관 영업부서는 현대제철 영업본부로, 강관 생산부서는 현대제철 울산공장으로 편입됐다. 매각 작업이 실제 이뤄지면 강관사업부가

현대제철에 편입된 지 5년 만에 다시 분리되는 것이다.

현대제철은 지난해 미·중 무역분쟁 과 철강산업의 조선·자동차·건설산업 전체 영향으로 실적 부진이 이어지며 어려운 시기를 보냈다. 철강 제품 판매 량이 감소한 데다 평균 판매단가도 하 락했기 때문이다. 지난해 3분기 영업 이익은 전년도 같은 기간보다 67%가 량 줄었고, 4분기에는 적자를 기록할 전망이다.

이 같은 상황에서 현대제철은 강관 사업부를 현대BNG스틸에 이관해 모 든 역량을 자동차 강판 소재 전문 제철소로 거듭나는 데 집중할 것으로 보인다. 부진한 실적을 개선하기 위한 일종의 사 업 포트폴리오 재편으로 볼 수 있다.

강관사업부는 설비 가동률이 다른 사업부에 비해 낮은 매다 생산 실적 역시 매년 감소하는 추세다. 현대제철 의 강관사업부 설비 가동률은 지난해에 매 지난해 3분기까지 강관 등 생산설비 가 동률은 63.3%에 마물렀다. 영연(99.2%), 후판(108.8%), 봉형강(86.7%) 등에 비해 현저히 낮은 수준이다. 생산 실적도 2017년 163만8000t에서 2018년 162만 4000t으로 줄었고 지난해 3분기에는 107만1000t에 그쳤다.

매수 주체로 검토되는 현대BNG스 틸은 스테인리스 냉연강판을 생산하 는 제조업체로 스테인리스 강판 비중 이 전체 매출에 약 97%를 차지하고 있다. 현대제철 지분율은 41.12%다.

고(故) 정주영 현대그룹 회장 손자인 정일선 사장의 경영을 맡고 있다. 지난해 부진한 실적을 기록한 현대 제철은 강관사업부 매각 검토 외에도 올해 실적을 개선하기 위해 안간힘을 쓰고 있다. 철강사업 경쟁력 강화를 위 해 지난해 말 정기인사에서 현대차동 차 출신을 세 곳 임원으로 임명했다.

자동차 부문 사업 역량 강화와 품질 향 상을 목표로 정총총 현대차 전장정기성화 를 현대제철 철강사업 정경정영정장화 로 임명했다. TFT팀(성무기고, 검수가 현대차 상 무를 현대제철 품질서부장으로 배 치했다. 현대제철은 자동생산반응등 글 로벌 판매 확대와 해외 네트워크, 현지 맞춤형 전략을 강화하기 위해 영업본 부 내 글로벌전략TFT팀을 올해 1월 1일 부로 신설했다. 연말 정기인사에 앞서 지난해 8월에는 연구개발본부 내 선행 개발실을 새로 만들어 연구개발 본연 의 기능을 높였다. 구매 효율성 확대를 위해 구매본부 내 부서를 통폐합하기 나선심하기도 했다.

또 현대제철은 지난해 말 창사 이후 처 음으로 전직 지원 프로그램을 실시해 11월 25일부터 12월 말까지 명예퇴직 신청을 받았다. 1966년 이건 출생사무 직원이 대상이었다.

서동철 기자

하락하는 현대제철 강관 가동률·생산실적

강관가동률 (단위=%)

2017년 7.5
2018년 72.0
2019년 3분기 63.3

강관 생산실적 (단위=만t)

2017년 163.8
2018년 162.4
2019년 3분기 107.1

자료=현대제철 사업보고서

를 위해서도 하면 안 되는 것이었다. 앞서 소개한 기사는 이러한 와중에 누군가 유력 경제신문에 언론 플레이를 한 것이다. 결국 2020년 3월 정기주총에서 단조 사업만 주총 승인을 받아 '현대 IFC'로 독립을 시켰다. 강관사업은 내가 퇴직한 이후인 2023년, BNG에서 인수한 것이 아니라, '현대스틸파이프'로 독립했다. 앞으로 강관 분야의 큰 회사로 성장하기를 바란다.

또 하나의 사례는 서울 성수동 삼표레미콘 부지 건이다. 서울 성수동에는 삼표산업(현 ㈜삼표)이 1977년부터 레미콘 공장을 가동하고 있었다. 한강 정비 사업의 일환으로 공유수면을 매립해서 골재 야적장으로 사용하던 땅을 1972년에 삼표의 모 회사인 강원산업이 취득한 땅이다. 서울 도심에 위치한 관계로 물류비가 경쟁력인 레미콘 사업 특성상 삼표는 이 공장에서 큰 수익을 올리고 있었다. 삼표는 강원산업으로부터 공장부지를 임차해서 사업을 하고 있었다. 1998년 IMF 외환위기를 맞아 강원산업은 기업 구조정(워크아웃)에 들어갔고, 2000년에는 인천제철과 합병을 했다. 이에 따라 이 땅은 인천제철(현 현대제철) 땅이 되었고 삼표는 계속 임차를 해서 레미콘 사업을 하고 있었다. 2009년에는 현대차그룹이 이 부지에 110층 사옥을 계획하기도 했었다.

인천제철이 강원산업을 흡수합병하게 된 배경에는 두 그룹이 사돈 관계라는 것이 계기가 되었다. 정몽구 명예회장의 장자 정의선 회장과 정도원 삼표그룹 회장의 장녀가 1995년 5월 결혼을 했다. 강원산업은 1998

년 7월 워크아웃에 들어갔다. 당시 나는 강원산업 창업주 정인욱 명예회장(1999년 3월 26일 작고)실에서 과장으로 근무하고 있었다. 강원산업 주(主) 채권은행인 조흥은행에서 파견 나오신 분들은 회사 장래가 어두워서 채권 회수가 어렵다고 판단하고 사돈 기업(인천제철)에 인수시키는 것을 추진했다. 합병이란 아이디어를 생각한 발상의 계기는 '사돈관계'였다. 당시 조흥은행 관계자가 나에게 의향을 물어본 적이 있어서 기억을 한다.

아무튼 두 회사의 합병으로 나는 인천제철 직원이 되었고, 성수동 부지는 인천제철 소유가 되었다. 이후 2011년 10월 서울시장으로 박원순 씨가 당선되면서 한강 주변 초고층 개발을 불허했다. 그리고 2017년 10월에는 서울숲 완성을 위한 4자 협약이 체결되었다. 서울시, 성동구, 현대제철, 삼표산업은 박원순 시장 임기 종료일인 2022년 6월 30일까지 성수동 레미콘 공장을 철수하고 공원화 사업을 하도록 한다고 합의를 했다. 이에 현대제철과 삼표와의 공장 임대차 계약 기간도 2022년 6월 30일 까지로 했다.

4자 합의 후 서울시는 예정된 날짜에 공장이 철수하도록 정기적으로 점검 회의를 했다. 삼표 입장에서는 최고 수익을 내는 공장이 이전할 대체 부지를 찾았으나 쉽지가 않았다. 서울시에도 요청을 했으나 그만한 땅도 없고 있어도 민원문제로 쉽지도 않았다. 이에 서울시는 땅 주인인 현대제철이 임차인(삼표)에게 계약 연장을 못 하도록 비공식으로 요청을 해왔다.

또 한편으로는 현대차그룹은 2014년에 삼성동 한국전력 부지를 매입하고 그 자리에 100층 글로벌비즈니스센터(GBC)를 추진하고 있었다. 삼표는 레미콘의 특성상 1시간 이내에 배달을 해서 타설을 해야 하므로 GBC 완공 후 공장을 철수하겠다는 의사도 비쳤다.

땅 주인인 현대제철은 서울시와 관계가 불편해져서 모기업 현대차그룹의 GBC 추진에 차질을 주면 안 되었다. 실제로 성수동 부지 건으로 서울시에서 회의를 하면 시 관계자는 GBC를 자꾸 거론했다. 그렇다고 그룹 VIP와 특수 관계인 삼표의 내심에 반(反) 하면서까지 계약 연장 불가 통보를 하기도 난감했다. 서울시는 공원화 사업이 박 시장의 대권 플랜 시나리오의 중요한 일정임을 은연중 강조했다. 건너편 성동구 옥수동 주민들의 공장 철거 시위도 잊을만하면 재연되었다. 이러한 4자의 이해관계가 이따금 언론에 보도가 되었다. 누군가는 자기에게 유리한 여론 조성이 필요해서 언론을 동원했을 것이다. 이 복잡한 이해관계자의 현대제철 측 대리인으로 내가 참석하고 있었는데, 협상의 당사자이자 홍보를 담당하고 있던 내가 보기에 이들의 언론 플레이는 참 한심했다. 개인적으로는 강원산업 명예회장실에서 삼표(골재·레미콘) 관련 업무를 담당한 관계로 고인이 되신 명예회장님의 이 땅에 대한 애정의 깊이를 알고 있었고, 한때 여기서 근무도 했었다. 그랬기에 현 소속회사의 입장에서 옛 소속회사의 안타까운 호소를 들으면서 감성과 법리의 간극에 힘들었다.

서울시, 성수동 삼표레미콘공장 공원화 팔걷었다

市, 도시관리계획 변경 추진

2017년 현대제철·삼표 축과 이전·철거 협약 체결했지만 지지부진

삼표 "일방적 절차에 당혹"

성수동 삼표레미콘 공장 위치

삼표레미콘 공장 이전 추진 일지

일시	주요 내용
2005년 4월	성동구민·이전 서명운동
2017년 10월	이전·철거 4자 간 협약 체결
2018년 3월	시·서울숲얼라/기반시설
2018년 8월	시·성동구, 현대제철·
2019년 10월	삼표산업에 추가 협상 요청
2020년 2월	시, 성동구, 도시관리계획 변경안 입안 요청
3월 26일	성동구, 도시관리계획 변경안 열람공고

서울시에 성수동1 삼표레미콘 공장 용지를 공원화하기 위한 행정 절차에 착수했다. 용지 소유주인 현대제철과 운영사인 삼표산업이 공장이전 이전과 철거에 따른 양자 보상 협의를 기다리던 하지 않고 있어 이를 무작정 기다리면 공원화 일정 전체가 늦어질 수 있다는 판단에서다.

서울시는 2022년까지 레미콘 공장 이전을 끝낸 뒤 공원화 수변문화 공간을 조성하겠다는 당초 계획이 있어 이 일정을 지키려면 것으로 알려졌다.

12일 서울시와 성동구에 따르면 성동구는 지난달 26일 삼표레미콘 용지 공원화를 위한 도시관리계획 변경안 열람공고 절차를 시작했다. 이어 성동구의 열람공고를 거치는 절차를 안내한 뒤 구의회 의견 청취와 서울시 도시계획위원회의 심의까지 마친 뒤 연내 도시관리계획의 자문 을 거친 뒤 서울시에 공람 결정을 요청...

하기로 했다. 이후 서울시의 도시계획 위원회 심의를 거쳐 삼표레미콘 용지를 공원화한다는 도시관리계획 변경 결정 이 되면 실시계획인가, 토지 보상 등 본격적인 공원화를 위한 행정 절차에 진입한다. 서울시와 성동구는 도시관리계획 변경 결정에 이르는 절차를 연내에 완료하고 2022년 6월까지 삼표레미콘 공장의 전체적인 현대제철, 삼표산업과 공장 전 철거를 내용으로 하는 4자 협약을 체결했다. 당시에는 현대제철과 철거에 표 추가 보상 협의를 2018년 1월까지 체결한다는 내용이 담겼다. 그러나 한 첫발이라고 보면 된다고 밝혔다. 이에 따라 서울시가 2024년까지 공장 용지를 공원화한 뒤 이어지는 수변공원 으로 일반 방문시간이라는 수변화공 원으로 탈바꿈시킨다는 방안에 탄력을 받을 전망이다. 서울시는 2018년 3월 발표한 '서울숲 일대 기본구상'에서 레미콘 공장 용지(2만7828㎡)뿐 아니라 인근 숲마당, 유수지를 모두 개발해 서울숲 용수를 기존 43만㎡ 규모에서 61만㎡ 로 확대하겠다는 계획을 밝힌 바 있다.

서울시와 성동구가 삼표레미콘 용지 의 공원화 사업을 위한 행정 절차에 돌 입한 이유는 공장 이전과 철거 사안이 급 다가왔기 때문이다. 2017년 서울시와 성동구는 현대제철, 삼표산업과 공장 전 철거를 내용으로 하는 4자 협약을 체결했다. 당시에는 현대제철과 철거에 표 추가 보상 협의를 2018년 1월까지 체결한다는 내용이 담겼다.

첫발이라고 보면 된다고 밝혔다. 이에 따라 서울시가 2024년까지 공장 용지 를 공원화한 이어지는 수변공원 으로 일반 방문시간이라는 수변화공 원으로 탈바꿈시킨다는 방안에 탄력을 받을 전망이다. 서울시는 2018년 3월 발표한 '서울숲 일대 기본구상'에서 레미콘 공장 용지(2만7828㎡)뿐 아니라 인근 숲마당, 유수지를 모두 개발해 서울숲 용수를 기존 43만㎡ 규모에서 61만㎡ 로 확대하겠다는 계획을 밝힌 바 있다.

양자 간 보상 협의가 체결되지 못했다. 이런 가운데 이전·철거 사안은 결과 2년 앞으로 다가왔기 때문에 더이 지 않으면 서울시는 토지보상 절차에 들어갈 계획이다. 이 경우 서울시는 현 대제철을 대상으로 토지매입 협의, 삼표산업 속과는 영업권 보상 방안에 대한 협의를 진행해야 한다.

서울시 관계자는 "이미 2년이 지난 상태에서 양자가 보상 협의를 맞을 때 까지 기다리면 당초에 시민들에 약속했 던 이전·철거 일정을 지키기 어려워진 다"며 "2017년 4자 협약 당시 공장 이 전과 해당 용지를 공원화한다는 데는 모두가 동의했던 만큼, 서울시로서는 정해진 절차를 이행하는 곳이라고 보고 있다. 다만 서울시는 시세로 3000여 4000억원에 달하는 해당 용지의 토지 방안에 관해서는 맞을 이견도 있다. 아직 실 시계획 인가까지 1~2년이 넘은 만큼 양자의 협의를 기대한다는 입장이 다. 인가 전까지 현대제철이 삼표산업 속과 보상 협의를 체결한 뒤 시한 것에 공장 이전·철거 절차를 마무리짓겠다는 것이다.

서울시는 현대제철 속과 토지 매입 방 안만 협의하면 된다. 하지만 시한 중에 도 공장 이전·철거 문제가 매듭지어지 지 않으면 서울시는 토지보상 절차에 들어갈 계획이다. 이 경우 서울시는 현 대제철을 대상으로 토지매입 협의, 삼표산업 속과는 영업권 보상 방안에 대한 협의를 진행해야 한다.

공장 이전에 따른 매체 용지를 확보 하지 못한 삼표산업도 속은 난감스럽다는 입장이다. 삼표그룹 관계자는 "매체는 지 확보 등 후속조치가 진행되지 못하 는 상황에서 서울시가 일방적으로 행정 절차를 밟기로 결정한 것은 우려이다"며 "삼표는 2017년 맺은 4자 협약에 따 라 2022년까지 공장을 이전하기 위해 현재 준비 중이라고 입장했다. 그는 "대 체용지 확보를 포함한 준비에 시간이 걸리는 것도 서실이니 협의대로 이행하 기 위해 노력하고 있다"고 덧붙였다.

최재원·이동권 기자

그렇게 4자가 서로 수 싸움을 하던 2020년 7월 9일 박원순 시장의 안타까운 소식이 전해졌다. 서울숲 완성 공원화 계획 지속 여부가 최대의 관심사였다. 서울시장 보궐선거를 앞두고 두 정당에서도 비공식 연락이 왔다고 실무자가 보고를 했다. 두 당의 비공식 요청은 같았다. 새 시장이 부담 갖지 않도록 그전에 결자해지해달라고 했다.

2000년 인천제철과 강원산업 간의 합병 과정에서도 이 땅은 큰 이슈였다. 2000년 3월 15일 인천제철과 강원산업은 합병등기를 했다. 그리고 같은 날 흡수합병되는 강원산업은 삼표 개발에 매도 계약을 체결하고 계약금을 받았다. 그러나 그 이후 삼표는 잔금 납입을 못해서 계약이 취소되었다. 삼표 입장에서는 한 맺힌 땅이었다.

2020년 9월 삼표에서 '그 땅을 매입하고 싶다'는 비공식 연락이 왔다. 나는 2020년 말 퇴직을 했고, 2022년 6월 현대제철은 삼표로 매각을 했다. 서울시는 여기에 업무 관광문화를 견인하는 혁신거점으로 개발을 예고했다. 삼표가 멋지게 개발을 하고 정인욱 명예회장님을 기리는 표식이라도 세워 주기를 바란다.

정책홍보는
이헌재 위원장처럼
- 논리와 타이밍의 명수

2004년 홍보팀장을 담당하기 전에 알게 된 언론인이 H 신문 P 기자였다. 전력산업 구조 개편에 관한 나의 논문을 계기로 알게 된 기자였다. 홍보팀장이 된 후 그를 다시 만나게 되었다. P 기자는 진보적 매체 기자임에도 골프를 잘 쳤다. 처음에는 좀 실망했다. 진보 매체 기자가 어떻게 골프를 다 치느냐, 나도 안 치다가 홍보팀장 하면서 어쩔 수 없이 치게 되었는데, 하는 생각을 했다. 그러면서도 속으로는 논리적 모순에 스스로 좀 당황했다. 나 자신은 그렇지 못하면서도 진보적 시민단체나 언론인에게는 완전무결한 인간상을 요구하는 마음이 있었다. 그들의 주의 주장이 힘을 받는 이유는 충분히 누릴 수 있는 기회이익을 포기하고 진보적 가치를 추구하는 언행이 일치된 삶이라고 생각했다. 이러한 편견은 내가 골프를 치면서 잘못된 것임을 알았다. 골프는 즐거운 운동 중 하나다. 단지 우리나라는 요금이 너무 비싸고 그 요금을 누가 부담하느냐가 문제지 골프 그 자체가 문제는 아니다. 골프장 건설과 운영도 '이제는' 친환경적으로 얼마든지 가능하다.

P 기자가 골프를 치게 된 연유가 특이했다. 1997년 말 우리나라는 IMF외환위기에 빠졌다. 김대중 대통령은 외환위기 극복을 위해 이헌재 씨를 기업 구조조정을 책임지는 금융감독위원장에 임명했다. 하루는 이 위원장이 P 기자에게 "골프를 치느냐? O일 O시까지 A 골프장으로 오라"고 했다. 이에 그는 "골프는 못 치지만 가겠다"라고 했으나 거부당했다. 다

음 날 아침 3개 언론에 특종이 보도되었다. 국가 위기 사태에 기자들에게 특종은 목숨과 같은 것이다. 이를 계기로 P 기자는 독학으로 싱글골퍼가 되었다고 한다.

P 기자의 전언을 계기로 이헌재 위원장에 대해 새로운 관심을 가지게 되었고, 그의 홍보 철학을 많이 배워서 활용했다. 외환위기 당시 이 위원장은 TV 화면에 자주 나와서 국민에게 익숙한 분이었다. 특히 당시 내가 근무하던 강원산업은 1998년 7월 워크아웃(기업구조조정)이 개시된 상태라 이 위원장의 모든 언행을 분석하는 상황이었다. 1999년 3월 25일 강원산업 창업주 정인욱 명예회장님이 돌아가셨다. 나는 명예회장실에서 최근 6년을 근무한 관계로 삼성의료원 장례식장을 지키고 있었다. 그때 저녁 늦게 문상을 온 대우그룹 김우중 회장과 이 위원장이 장례식장 한쪽에서 2시간 정도 심각하게 대화하는 것을 지켜본 적이 있었다. 대우그룹은 1999년 11월 워크아웃에 들어갔다. 당시 손병두 전경련 부회장의 최근 회고 칼럼을 보면 아마 그때가 외환위기 극복 방법에 대해 두 분이 첨예한 의견 대립을 하던 시기였던 것 같다.

이헌재 위원장은 자칭 정책홍보의 원조다. 정부나 공공기관도 애초부터 정책을 홍보해 왔다. 그런데 굳이 '정책홍보'라고 하는 이유는 그 정책이 이해당사자들에게 잘 전달되고, 정책 수행에 협조케 해서, 정책 목적이 달성되도록 하는 일련의 홍보 목적·준비·과정·효과 일체를 말한다. 이러한 내용은 그가 2012년에 출간한 『위기를 쏘다』에 잘 나와 있다. 행간의 뜻이 중요하므로 내용 일부를 그대로 소개한다.

이헌재 전 금융감독위원장의 회고록 『위기를 쏘다』(중앙북스) 표지. 이 책에서 이 위원장은 1997년 외환위기는 홍보를 잘 활용했고, 언론인들의 도움으로 극복할 수 있었다고 하면서 정책 홍보의 전형을 보여주고 있다.

"홍보로 승부한다." 금융감독위원장을 맡자마자 세운 전략이다. 금감위에 대변인직을 '신설'했다. '홍보는 디테일이다'라고 생각하고 홍보와 관련된 디테일을 직접 챙겼다. 브리핑룸부터 만들었다. 정부 기관에 '브리핑룸'이란 개념이 없던 때였다. 장관이 기자들과 소파에 둘러앉아 정책을 설명하는 게 고작이었다. 그 모습이 그대로 신문에 실리고 TV 뉴스에 났다. 소탈해서 좋긴 하지만 극적인 긴장감이 떨어졌다.

'이래서는 힘이 실리지 않는다. 생사를 건 싸움이다. 진지하게 알려야 한다.'

정책 담당자에게 마이크를 쥐게 했다. 단상을 만들고 배경엔 파란색 바탕에 금색 금감위 로고를 박았다. 요즘 청와대 대변인 발표 장면을 떠올리면 될 것이다. 지금은 대부분의 정부 부처가 이런 형태의 브리핑룸을 도입했다. 그때만 해도 획기적인 변화였다.

정책 발표 시간도 전략이다. 금감위의 중대 발표는 대부분 오후 6시에 나왔다. 기자들의 항의가 빗발쳤다. "이 시간에 발표하면 기사를 언제 쓰라는 겁니까." 조간 신문사 초판 마감이 보통 오후 6시다. 방송국은 8시, 9시 뉴스가 코앞인 시간이다.

급기야 대변인 김영재가 내게 대들었다. "못 해 먹겠습니다. 기자들이 어찌나 난리를 치는지. 발표 시간을 앞당겨 주십시오." 개의치 않았다. 마감이 중요한 게 아니다. 효과가 중요하다. 국민에게 긴박감이 전해져야 한다. 아침에 발표한 뉴스는 금세 낡아버린다. 그날 저녁 뉴스나 다음 날 아침 신문에 실리면 긴장감이 없다. 미국 시각까지 고려했다. 전 세계가 한국 위기관리 정책을 주목하던 때였다. 미국이 하루를 시작할 때 막 뽑아낸 뉴스가 전달되어야 한다.

기자들을 직접 만났다. 점심이고 저녁이고 시간만 나면 기자들과 약속을 잡았다. 술을 세게 마시던 때였다. 하루 수십 잔씩 폭탄주를 마실 때도 있었다. 몸을 사리지 않았다. 술자리는 일종의 세미나였다.

"김 기자, 은행 구조조정의 핵심이 뭐라고 생각해요?"

"글쎄요, 우선 방만하게 벌여놓은 지점이나 인력을 바로잡아야겠죠."

"바로 그거야. 그래서 해외에선 부실 은행 합병할 땐 P&A(자산부채인수) 방식을 많이 쓴다고 하더라고."

"P&A? 그게 뭡니까?"

"그게 뭐냐면 말이지…."

이런 식이었다. 지성이면 감천이라더니, 많은 기자가 나를 이해해 주었다. 구조조정의 필요성과 논리를 받아들이고 널리 알리기까지 했다. 당시 기자들에게 느낀 내 감정을 최범수 신한금융지주 부사장이 정확히 표현해 여기 옮긴다. 그는 당시 금감위 구조개혁기획단의 멤버였다.

"금감위의 초기 구조조정은 150명이 했다. 구조개혁기획단 50명과 출입 기자 100명이다. 기자 대부분이 금감위에 우호적이었다. 회사와 데스크의 핀잔을 받으면서도 금감위의 논리를 옹호해 주었다. 구국의 일념이었다."

『위기를 쏘다』 82쪽

"이헌재 위원장은 매주 금요일 3시 이후, 즉 증권시장 종료 후 중요한 정보를 언론에 흘렸다. 주말에 갑론을박을 지켜본 후 월요일에 공식 발표를 하거나 수정해서 발표하곤 했다." 당시 이 위원장과 자주 만났던 기자가 나에게 들려준 이야기다.

나는 일복이 많아서 홍보와 대외업무를 같이 했다. 두 일을 같이 해보니 많은 시너지를 낼 수 있었다. 우선 고위공직자를 만나기가 쉬웠다. 대기업 임원이었지만 산업부의 철강 담당 과장이 주 파트너였다. 국장 이상은 현안 이슈가 아니면 만나기가 쉽지 않았다. 특히 회사 경영에 많은 영향을 주는 청와대 비서실, 기획재정부, 환경부, 고용노동부 같은 부서는 만나기가 더 어려웠다. 경제단체 주관 행사 때 명함 교환 정도만 가능했다. 그런데 해당 부서 출입 기자를 통하면 차관까지도 쉽게 만나고 편하게 술자리도 가능했다. 또 공개해도 될만한 정보지만 공론화는 곤란한 정보는 기자를 통해 입수할 수 있었고, 우리가 전달하고자 하는 정보도 쉽게 전할 수 있었다. 이러한 관계 형성이 누적되면서 '홍보 타이밍(정책 발표 시간)' 잡는 게 가능해졌다.

기업에서 대외업무를 하는 목적은 여러 가지가 있다. 먼저 정보 입수다. 경영 환경과 정책 동향 정보는 기본이다. 정부 기관을 통한 경쟁사 동향 입수도 중요하다. 다음으로 정부 기관활용이다. 회사 현안을 미리 알려줘서 대비토록 하고, 해외 철강 정책 동향을 알려주기도 했다. 가끔은 자기 업무에 활용하도록 자료를 만들어서 주었다. 상대방도 평소 기업인과 핫라인이 구축되어야 위급 시 대응을 할 수 있고 정책 효과를 높일 수 있다. 정보 소통의 기본은 신뢰다. 경쟁사 이야기도 어디까지나 산업환경 관점에서 하고 서로에게 유익한 결과로 이어져야 한다. 이러한 소통을 하면서 내가 가장 많이 신경을 쓴 점은 데이터와 논리였다. 단순한 정보는 한 번, 데이터가 있으면 두 번, 데이터 기반의 논리가 정연하면 세 번의 만남으로 이어진다. 이러한 관계가 지속되어야 내가 필요할 때 활용(홍보)할 수 있는 타이밍을 잡을 수 있다. '데이터+논리+타이밍=홍보의 힘'이 된다. 정책 홍보, 대관 홍보의 존재 이유다.

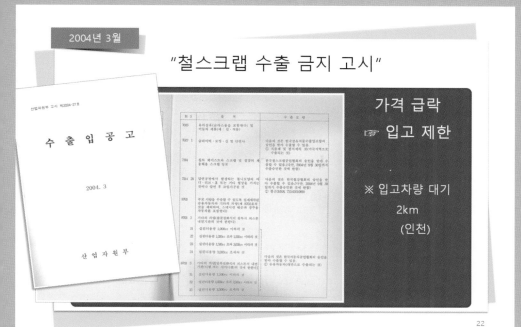

"철스크랩 수출 금지 고시"

2004년 3월

수출입공고

2004. 3

산업자원부

가격 급락

☞ 입고 제한

※ 입고차량 대기

2km

(인천)

대정부 건의 Model 효시

2003년 10월

경제단체연합,
전기요금 인상 반대 주도

산업용 전기요금에 관한
오해와 이해

(황원상 DR)

전기요금 세미나 추진(안)

2009. 8

한국기간산업협의회

필자는 '데이터+논리+타이밍=홍보의 힘'이라는 홍보관을 가지고 대관홍보를 했다. 2004년 철스크랩(고철) 해외 수출로 국내 가격이 급등해 중요 부품 생산을 못 할 상황이 됐다. 이에 경제단체 서명을 받아 대정부 건의서를 제출하고 수출 사전 승인제도를 고시하도록 했다. (사진 위). 또한 제조원가의 10% 이상을 차지하는 전기요금 합리화 대책을 경제단체 연합으로 건의하는데 주도적인 역할을 했다. (사진 아래)

먼저 계획하고,
제때 처리하고,
자주 보고하자

삼성전자는 2006년 말에 임원용 홍보지침서인 '사례로 알아보는 언론홍보 제대로 알기' 책자를 발간했다. 이 회사는 신입사원 교육용 또는 임원용으로 '홍보 강의'를 실시해 왔지만 이처럼 임원용 홍보지침서를 별도로 제작한 것은 처음이다. (...) 머리말에서 "삼성전자가 글로벌 초일류 기업으로 성장하면서 회사 임원의 일거수일투족이 다 언론의 취재 대상이 된다고 해도 과언이 아니다"라며 "언론과 접촉하는 임원은 그 순간만큼은 삼성의 '앰배서더'"라고 규정했다.

이에 따라 '임원의 홍보 10원칙'을 제시했다. △언론에 발표할 일이 있으면 사전에 반드시 홍보팀에 연락한다 △자신이 가진 영향력의 크기를 적절하게 파악해야 한다 △반드시 사실에 입각해야 한다 △언론에 대해 편파적 태도를 취해서는 안 된다 △'노코멘트'를 할 경우에도 충분한 주의를 기울인다 △취재기자에게 압력을 가하는 등 불합리한 행동을 해서는 안 된다 등이다. (동아일보 2007.3.2.)

2007년이면 나도 홍보를 배워가면서 하던 시절이다. 삼성전자 사례집은 홍보 현장에서 일하는 입장에서는 구구절절 맞는 매뉴얼(홍보 원칙)이었다. 그중에서도 특히 '언론에 발표할 일이 있으면 사전에 반드시 홍보팀에 연락한다'는 원칙에 놀랐다. 내부 임직원의 무분별한 언론 대응에 대한 어려움은 이 책 2부에서 소개한 바 있을 정도로 어렵던 시절이었다. 이러한 어려움을 홍보담당자가 호소하면 설득력이 없고 일에 자신이 없는 것으로 비쳐서 말도 못 하고 속앓이만 하던 때 단비 같은 기사였다. 그러나 앞의 동아일보 기사를 회사 내부에 배포했지만 효과는 미미했다. 대부분 임직원은 관심이 없었고 개인적인 의도를 가지고 언론 플레이(제보)를 하는 사람들은 이러한 매뉴얼 너머에 있었기 때문이다.

다른 방법을 찾아야 했다. 홍보팀장은 내부 현황에 정통해야 하고 다양한 외부 경영 여건도 파악하고 있어야 한다. 외부 언론 브리핑 때는 회사를 대표하는 역할도 해야 한다. 단어의 뉘앙스 차이 하나가 엄청난 평지풍파를 일으키기도 하므로 평소 내외부 정보 파악이 잘 되어 있어야 순발력 있는 대처가 가능하다.

따라서 예방 홍보를 하거나 돌발 상황을 지혜롭게 극복하기 위해서는 내부 정보에 정통해야 하고 상사의 홍보에 대한 이해도를 높여야 한다. 그런데 현실은 내부 정보 획득이 더 어렵다. 따라서 상사의 힘을 나의 힘으로 만들어야 했다. 상사에게 잘 보이는 방법을 알려주는 책도 보고 많은 사람들에게 자문했다. 그러나 쉬운 일이 아니었다. 상사를 내 편으로 만들기 위해 다양한 노력을 하던 중에 우연히 알게 된 책이 큰 도움이 되었다. 무엇보다 나름대로 이렇게 해야 한다고 생각하고 있던 것들이 많아서 더 자신감을 가지게 되었다.

이계안 회장과 우석훈 박사의 대담집 『진보를 꿈꾸는 CEO』
(레디앙) 표지 사진. 한국 재벌기업의 내부 문화와 오너들의
특성 등 기업문화에 대한 이해를 높일 수 있는 책이다.

　　이계안·우석훈 공저 『진보를 꿈꾸는 CEO』. 우선 저자들에게 관심이
갔다. 이계안 회장은 현대자동차 사장, 현대카드·캐피탈 회장과 국회의원
을 하신 분인데 IMF외환위기 당시 현대그룹 COO(최고운영책임자)로 그
룹 구조조정(계열분리)을 주도했다. 2000년 내가 근무하던 강원산업이 인
천제철에 합병된 것도 이분이 주도했다. 당시 신문로 강원산업 사무실의
미로 같은 복도에서 뵌 적이 있었다. 현대그룹에서 이명박 대통령 다음으
로 출세가 빨랐던 분이라 후배들에게 늘 흠모(欽慕)의 대상이었다. 현대
에 입사한 계기가 은사이신 서울대 상대 이현재 교수(전 국무총리)가 현대
에서 제2제철소 하는 사람을 뽑는다고 해서 입사하게 되었다고 한다. 우
석훈 박사는 한국생태경제연구회 회원으로 2003년부터 알고 지냈는데
2007년에 출간한 『88만원 세대』로 이름을 날리고 있었다. 현상 이면을 꿰
뚫어 보는 혜안이 있는 젊은 학자였다.

　　우석훈 박사가 묻고 이계안 회장이 답변하는 대담집이었는데 직장

인, 특히 현대그룹에서 일하는 직원들에게는 매우 설득력 있는 말씀집이었다. 이 회장은 현대그룹에서 출세 3대 요소인 담배, 술, 골프를 하나도 안 하는 분이었다. 골프는 상무로 승진하고 홍보 업무가 추가되었는데도 안 치다가 사장이 된 후 잠시 쳤다. "철강 구매를 위해 P사 접대상 필요했다."고 한다. 그럼에도 초고속 승진을 하게 된 배경이 있었다. 인상적인 부분을 소개한다.

"계획은 먼저 세우고, 일은 제때 하고, 평가는 자주 받아라."

지시를 받고 일을 하면 내가 일하는 동안 지시를 내린 상사의 생각은 더 정교해지게 된다. 따라서 보고해도 상사의 기대에 부응하기가 힘들게 된다. 이런 일이 몇 번 되풀이되면 상사의 신뢰를 잃게 되고 핵심에서 멀어지게 된다. 그런데 내가 먼저 계획(기획)을 하면 그 일은 내가 늘 앞서가게 된다. 그리고 미루지 말고 제때 보고를 하면 상사가 평가를 해주고 교정을 해준다. 따라서 내가 일을 주도하면서 완성도를 높일 수 있다.

그렇게 하기 위해 노력하는 모습이 더 인상적이었다. 첫째는 독서를 많이 해야 한다. 내가 있는 곳이 서재가 되어야 한다. 똑같은 정보라도 새롭게 해석하는 능력은 독서에서 나온다. 정주영 회장도 본인의 첫째 스승은 부모, 둘째 스승은 독서라고 했다. 의사 결정권자는 항상 "너는 늘 새로운 얘기를 해준다"라고 했다. 독서를 통해 새로운 얘기를 할 수 있었고, 상사와 함께 있는 시간이 많아져서 생각이 공조(共助)화 되고, 따라서 일의 성공률도 높아지게 된다.

두 번째는 사람(상사)의 마음을 사야 한다. "이 사람이 나를 믿는구나"라고 느끼게 해줘야 한다. 번외경기가 아니라 근무 시간에 잘하는 게 중요하다. 기본에 충실해야 한다. 퇴근 이후에 유력자들하고 술 마시고 잘 놀러 다니면 승진할 줄 아는데, 한 번은 그럴 수 있지만 두 번은 절대로 안 된다.

세 번째는 '듣는 노력'이다. 지위가 높아지면 멀리 보는데, 안 들리는 소리를 어떻게 들을 것인가. 승진해서 그 자리를 지키려면 더 많이 보는 것만큼 더 듣는 노력을 해야 한다. 회의할 때 자기 혼자 떠드는 이유가 보이는 것이 너무 많아서 그렇다. 많이 보니까 말을 많이 하는데, 소통하려면 보고 있는 먼 곳보다 딛고 있는 발의 이야기를 들어야 한다.

"계획은 먼저 세우고, 일은 제때 하고, 평가는 자주 받아라."라는 간단하면서도 핵심이 담긴 명언을 나 자신에게 투영해 보았다. 독서는 나름대로 하는 편이었다. '듣는 노력'은 많이 부족하지만 내가 노력하면 된다. "이 사람이 나를 믿는구나." 하는 생각을 갖도록 하는 것은 쉬운 일이 아니었지만 가장 쉬운 방법이기도 했다. 회사를 위해 사심(私心) 없이 일하는 모습을 보여주는 것이었다. 그렇게 하니 일은 더 많아졌지만, 늘 설레는 마음으로 출근을 할 수 있었다. 승진은 자동으로 따라왔다. 승진이 좋은 이유는 보수적인 기업 문화에서 진보적인 내 가치관을 실행(시험) 할 수 있는 영역이 넓어지기 때문이다. 진보적 가치 실행은 간단하다. 직원들 줄 세우지 않고 공정하게 평가하고, 협력사 등 이해관계자에게 갑질하지 않고 공정한 기회 보장과 평가를 해주는 것이다.

기업의 CEO는 나름대로 역사관, 국가관, 사회관이 있다. 자신의 기업 경영이 회사와 오너는 물론이고 국가와 사회에 기여 해야 한다는 사명감이 있다. 기업이 성장하고 이해관계자와의 소통이 중요해지면서 이러한 관점을 가진 분들이 CEO가 된다. 나의 상사도 대부분 이러한 관점을 가진 분들이어서 퇴직할 때까지 홍보 업무가 내 업무분장 안에 있을 수 있었다.

~w

"계획은 먼저 세우고, 일은 제때 하고, 평가는 자주 받아라."

그렇게 하기 위해 노력하는 모습이 더 인상적이었다.

첫째, 독서를 많이 해야 한다.

둘째, 사람(상사)의 마음을 사야 한다.

셋째, '듣는 노력'을 한다.

언론인·언론사와의
갈등은 어떻게 푸나

홍보 업무를 하다 보면 다양한 상황을 맞게 된다. 어느 직종이나 나름의 애로 사항이 있겠지만 홍보맨이 특히 어려운 이유는 다양한 상황을 초래하는 저변의 인과관계가 복잡하다는 점이다. 한마디로 말하면 불특정 다수다. 고객(언론)이 좋아하는 상품(기사)도 불특정 다수고 고객 자체도 신문, 방송, 인터넷 언론 등 불특정 다수다. 언제 뭐가 발생할지 모른다. 여기에다 성과 판단의 기준이 객관화되기 어렵고 특정인의 주관에 크게 좌우된다. 특정인은 조직 내 유력자다. 홍보맨과 회사와 특정인의 판단 기준이 다를 때도 많다. 특히 회사와 특정인의 이해관계가 다를 때는 홍보맨이 참 곤혹스럽다.

이러한 복잡한 업무는 언론이라는 플랫폼을 통해 발생된다. 이 플랫폼은 언론인(기자)과 언론사로 구성되었는데, 이 둘의 이해관계가 상충될 때도 있다. 정치 성향의 기사는 둘의 가치 지향 차이가 갈등의 원인이 된다. 언론사 내에서는 정체성과 정파성 차이라고 한다. 팩트에 기반한 기사인지 주장을 담은 칼럼인지 구분이 안 될 정도로 정파성이 강한 기사도 있다. 둘 다 각자 중점을 두는 독자를 대변해서 갈등하는 관계로 조정이 쉽지 않다. 특히 언론사주가 다수^(사원 주주)일 때는 거의 분열 상황까지도 간다.

기업이 상대하는 언론사와의 갈등 저변에는 광고비가 있다. 1997년 IMF외환위기 전 언론사의 수입은 광고비와 구독료가 각 50% 정도 되었고 상당히 풍족한 경영이 가능했다. 기자 초임이 대기업 2배 가까이 되었다. 권력과 금력에 굴하지 않는 특종과 가치 지향의 기사들이 넘쳤다. 이러한 언론 환경은 정치적 민주화 추진과 재벌의 경제력 집중 완화에 크게 기여했다. IMF외환위기를 극복하면서 대기업 재벌의 회계 투명성도 많이 개선되었다. 기업이 가장 두려워하는 형사처벌 이슈도 많이 감소했다.

또한 2000년대 시작된 IT 붐은 정보 소통에 획기적인 변화를 불러왔다. 신문과 방송이 아니라도 이해관계자와 직접 소통할 수 있는 수단들이 등장했다. 인터넷 언론들이 우후죽순으로 나타났고 특종이 아니라 속보 경쟁이 벌어졌다. 이 모든 정보들은 증권시장으로 모여들었고 실시간 정보 유통은 기업의 주가를 출렁이게 했다. 주가가 출렁이면 금융기관이 긴장하게 되고 이러한 상황이 지속되면 회사에 대한 대출 금리가 올라가고 주가는 다시 출렁이는 악순환이 된다. 이럴 때 불을 끄는 것도 IR성 홍보의 역할이다.

기자와 언론사, 회사와 경영자(오너). 4개의 추는 각자가 중요시하는 우선순위가 다르기 때문에 상황에 따라 불특정하게 움직인다. 서로 부딪치지 않도록 사전 조율을 잘해야 하지만 쉬운 일은 아니다. 홍보팀장이 기준을 세우고 그 기준에 따라 일관되게 하고 결과에 책임질 수밖에 없다. 우왕좌왕하면 동네북처럼 두들겨 맞고 명예도 실추된다. 대응 우선순위를 정해야 한다.

내가 정한 우선순위는 다음과 같다.

1) 언론 보도로 인해 회사가 검찰, 경찰, 국세청, 공정거래위원회 등 사정기관의 조사를 받게 되는 기사

2) 국회에 증인이나 참고인으로 호출되거나, 정부 기관의 해명이나 다양한 보고 요구가 따를 수 있는 기사

3) 시민단체나 이해관계자와의 갈등이 유발되는 기사

4) 회사 이미지 실추로 손익에 영향을 주는 기사

5) 우수 인재 유치 차질이나 직원들의 사기를 저하하는 기사

물론 기사 대부분은 다섯 가지 요인이 다 포함되어 있지만 우선순위가 있다.

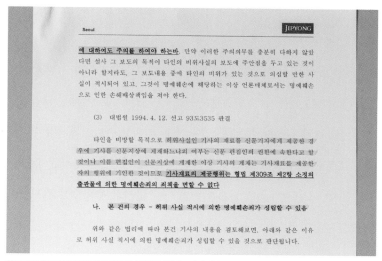

한 대형로펌에 언론매체 기사의 명예훼손 성립 여부를 검토 받아 해당 언론사에 알렸다.

언론인·언론사와의 갈등 사례 몇 가지를 소개한다. 한번은 진보언론으로 분류되는 석간신문이 회사가 검찰 수사를 받고 있는 내용을 크게 보도했다. 새로운 것들(NEWS)이 아니라 이미 보도된 내용을 제목과 관점을 바꿔서 크게 다뤘다. 이 기사로 검찰 수사가 시작된 건 아니지만 수사 강도에 영향을 줄 수도 있었다. 그런데 기자는 회사 관계자에게 팩트를 확인하지 않았으면서도 한 것처럼 표현했다. 이러한 미확인 추측성 보도에 많이 지친 상황이라 더 이상 묵과할 수 없었다. 담당 기자에게 정식으로 항의하고 정정보도를 요청했다. 그 기자는 한동안 언론사(기자) 특유의 우월적 스탠스로 대응을 해왔지만 나도 물러서지 않았다. 기자와 홍보팀의 갈등이 언론사와 회사(그룹)의 레벨로 올라가게 되었다. 이에 그룹 홍보실에 사태의 전말을 미리 주지 시켜놓고 끝까지 정정보도를 요구해서 받아 냈다.

여의도에 있는 한 언론사는 회사 출입 기자들이 다 아는 지나간 내용을 모아서 신문 초판 산업 면의 톱기사로 게재했다. 회사에 대한 부정적인 이미지를 리마인드 시키는 기사였다. 이런 기사는 이미지를 실추시키는 기사였고, 이러한 일이 몇 번 되풀이 되었다. 그 이면에 암묵적인 광고 요청이 있다. 그 기자와 같이 골프를 친 게 십수 년이고 마신 술이 몇 드럼이나 되었지만 이런 상황에서는 소용이 없었다. 그 기자도 자기 회사를 위해 악역을 담당할 수밖에 없었을 것이다. 악화된 언론 환경을 탓해야지 사람을 탓할 일은 아니었다. 따라서 이런 경우 그 기자와 개인적인 감정을 남기지 않도록 해야 한다.

A 기자는 특종이 아닌데도 특종을 놓쳤다고 화를 내면서 십수 년 이어진 관계를 단절시켰다. A 기자의 분노는 어느 정도 이해할 수 있지만 관계 단절로 확대시킨 것은 좀 의아했다. 취재 사항(경쟁사가 흘린 정보)에 대해 A 기자는 자신이 특종이라 확신했지만 이미 세 명의 기자가 그녀보다 먼저 취재한(제보받은) 내용이었다. 다만 A 기자가 소속된 언론사를 감안해서 내부 관계자와 숙의 후 공식 발표했다. 발표 직후 먼저 취재한 세 명의 기자는 이미 취재해 놓은 장문의 기사를 올렸다. 그들은 회사의 입장을 이해하고 보도 시점을 기다려 주었던 것이다. 그러나 A 기자와의 관계는 단절되었다. 십수 년 같이 많은 술잔을 기울였지만 소용이 없었다. A 기자의 또 다른 사내 입장이 희생양을 필요로 했을 것이라 짐작했다. 회사를 위해 짊어져야 할 홍보맨의 역할이다.

중대재해가 일어나면 사고 현장에 가까운 언론사 주재 기자들이 먼저 보도하게 된다. 곧이어 몇 개 언론사가 똑같은 내용을 올린다. 인터넷 언론은 한 사주(社主)가 수 개의 언론사를 운영하는 경우도 있다. 좀 지나면 더 자극적인 제목과 내용을 추가한 기사가 나온다. 이후 기사 제목엔 회장님의 성함이 들어간다. 그 뒤엔 회장님의 사진이 같이 올라온다. 좀 더 지나면 앞의 기사에 과거 사고 이력이 추가된 기사가 올라온다. 이쯤 되면 이제 회사 내부에서 홍보팀에 대한 질책이 빗발친다. 그리고 이때쯤 TV 방송 기자들의 취재가 시작된다.

중대재해 기사 같은 경우는 기자와 홍보팀의 관계를 넘어선다. 회사 대 회사의 범위도 넘어서는 사회적인 이슈가 된다. 그럼에도 홍보팀 입장에서 최선을 다해 사고 팩트에 국한한 보도가 되도록 움직여야 한다. 조업 중단 기간을 최소화해야 하고 사고 조사와 사법절차도 고려해야 하기 때문이다. 따라서 중대재해 보도는 쓰나미 같아서 보도 자체를 막을 수 없고 사고의 인과관계가 명확하게 보도되도록 해야 한다.

중대재해가 일어나면 회사가 이익에 눈이 멀어 안전 투자를 안 하는 등 사람 목숨을 가볍게 여긴다고 생각하는 사람들이 있다. 이는 기업마다 다르다. 대기업은 안전을 위한 돈은 아끼지 않는다. 중견기업은 돈을 효과적으로 쓰고자 한다. 중소기업은 쓸 돈이 없다고 한다. 각자의 사정이 그렇다. 중대재해로 인한 조업 중단의 피해가 너무 크다. 중소기업은 경영자 처벌이 아니라 조업 중단으로 망할 수 있다. 대기업은 조업 중단 기간에 따라 매출액 손해가 수백억 원에서 수천억 원이 된다. 안전 투자에 돈을 아낄 이유가 없다.

언론사와 기업의 관계가 반대인 경우도 있다. 앞에서 소개한 바와 같이 기자들은 독특한 DNA가 있다. 한때 최고의 인재들이었다는 엘리트 의식으로 자존심이 강하고 권력과 금력에 굴하지 않는 기백이 있다. 칼보다

펜이 강하다는 것을 입증하는 대표적인 직업이다. 이러한 DNA가 있어서 세상이 많이 좋아졌다. 그런데 언론사의 수입 중 50%에 달하던 구독료가 거의 없어지면서 기업 광고에 의존하는 상황이 되었다. 이에 일부 기업은 광고비로 언론사를 길들이려 한다. 가장 아픈 곳을 잡아서 생명 같은 자존심을 꺾는 것이다. 갑질보다 더한 게 돈질이다.

물론 기업 입장에서는 반대의 경우를 호소할 수 있고 실제로 많이 발생한다. 그러나 20여 년 현장 경험을 돌이켜 보면 기자 다운 기자 덕분에 기업이 많이 좋아졌다. 많이 아팠지만 덕분에 문제를 빨리 개선하고 투명해지도록 했다. 기회비용을 줄여 줬고 기업을 성장하도록 도와주었다. 수업료가 아깝지 않았다. 언론인·언론사와의 갈등 해소에 정답은 없다. 일관된 원칙에 기반한 지속적인 소통이 한 해법이다.

바로잡습니다

■■■ 신문은 지난 10월 23일 20 면에 게재한 'MB때도 현대차에 압력 경우회 지원 정황'이라는 제 목의 기사에서 현대제철이 경우 회의 재하청업체인 미국계 S사와 고철거래를 했으며 MB정권 때 청와대 지시로 S사에 고철 마진 을 시세보다 많이 주는 형식으로 계약한 뒤 그 차액을 경우회로 지 원했다는 취지로 보도했습니다.

사실 확인 결과, S사는 경우회 의 재하청업체가 아니며 현대제 철은 청와대의 지시를 받은 적도 없고 당시 거래 시세대로 S사와 고철계약을 체결했기에 이를 바 로잡습니다.

회사의 항의를 받은 언론사는 '바로잡습니다'로 정정보도를 해줬다.

바로잡습니다

oo신문은 지난 10월 23일 20면에 게제한 'MB때도 현대차에 압력 경우회 지원 정황'이라는 제목의 기사에서 현대제철이 경우회의 재하청업체인 미국계 S사와 고철거래를 했으며 MB정권 때 청와대 지시로 S사에 고철 마진을 시세보다 많이 주는 형식으로 계약한 뒤 그 차액을 경우회로 지원했다는 취지로 보도했습니다.

사실 확인 결과. S사는 경우회의 재하청업체가 아니며 현대제철은 청와대의 지시를 받은 적도 없고 당시 거래 시세대로 S사와 고철계약을 체결했기에 이를 바로잡습니다.

4부

위기 대응 홍보

정몽구·이건희·김우중 회장의 공통점은

현대차그룹이 2년 연속 글로벌 완성차 3위에 올랐다. 자동차 산업은 철강·소재·기계·전자·AI·디자인 등이 어우러진 종합산업예술이다. 지난 2000년 세계 10위의 현대차그룹은 2010년 미국 포드를 제치고 처음으로 '톱 5'에 진입했고, 2022년, 2023년 연이어 '빅 3' 3위에 올랐다. 수익률도 세계 최고 수준이다. 그런데 현대차 임원들에게 잘나가는 이유를 물으면 설명이 장황하다. 한마디로 똑 부러지게 이야기하지 못한다. 듣고 있던 나는 "비싼 차가 잘 팔려서 그렇다."라고 했다. 그렇지만 이는 결과이지 요인(要因)은 아니다.

현대차에는 현대차 임직원들도 모르는 잘나가는 이유가 있다. 바로 1:10:100의 법칙이다. 자동차에 문제가 있어 소비자가 수리를 하는 데 100의 비용이 든다고 하면, 이를 자동차 제조 과정에서 미리 조정하면 10의 비용만 들고, 그 이전 자동차 설계 단계에서 문제점을 미리 보완한다면 1의 비용으로도 충분하다는 것이다.

1970~80년대에 현대자동차서비스는 큰 수익을 냈다. 국내 자동차의 품질이 지금과는 많이 달라 자동차를 수리하러 오는 이들이 줄지었기 때문이다. 1974~87년 이 회사 사장을 지내던 정몽구 현대차그룹 명예회장은 당장은 돈을 잘 벌지만(100), 장기적으로는 완성차 품질 개선(10과 1) 없이는 미래가 없다는 생각을 가지게 되었다고 한다. 1999년 현대차그룹 회장이 되자마자 품질경영을 선언한 이유다. 대개 '3년 3만 마일' 무상 보

증이 일반적이던 미국 자동차 업계에서 현대차가 '10년 10만 마일'로 대폭 늘리고 나선 배경이기도 하다. 현대차가 오늘날 세계적인 위상을 얻을 수 있게 된 출발점이라고 본다.(이계안·우석훈 『진보를 꿈꾸는 CEO』 참조) 그런데 이 말의 맥락을 잘 이해해야 한다. 역으로 생각해야 한다. 현대차가 돈을 잘 버는 게 아니라 그 반대로 돈을 다 잃을 수도 있다는 것이다. 바로 '위기의식'이다. 이러한 위기의식은 정 명예회장이 내로라하는 세계의 완성차 회사들보다도 한발 앞서 '안전'과 '품질보증'이라는 소비자들의 가치 지향을 먼저 발굴하고 이를 경영의 핵심 요소로 꼽도록 했다. 현대차그룹에는 이런 기업 문화가 내재 되어 있다.

2005년 당시 현대차그룹 출입기자였던 김성홍·이상민 기자가 쓴 『정몽구의 도전』(고즈윈) 표지 사진. 2000년 9월 국내 최초 자동차 전문 그룹으로 출범한 현대차그룹 정몽구 회장의 생각과 습관, 신념과 행동, 각종 발언부터 그동안 알려지지 않았던 모든 일거수일투족까지 기록된 책이다. 2024년 현재 세계 3대 자동차전문 그룹으로 성장한 현대차그룹의 성공 토대를 알 수 있다.

고(故) 이건희 회장의 자서전 『이건희 에세이』 표지 사진. 이건희 회장이 한 일간지에 연재한 글을 담아 1997년 10월에 발간했다. 이 회장은 이 책에서 변화하지 않으면 기회를 놓칠지도 모른다는 안타까운 마음에서 "마누라와 자식만 빼고 다 바꾸어 보자"라고 했다.

    삼성그룹에는 유명한 '메기론'이 있다. 고(故) 이병철 회장이 농사를 지으면서 실험했다. A 논에는 미꾸라지 1,000마리를 사육했고, B 논에는 미꾸라지 1,000마리와 메기 20마리를 넣고 사육했다. 가을에 수확하니 A 논에서는 미꾸라지가 2,000마리로 늘어났고, B 논에서는 메기 200마리와 탱탱한 미꾸라지 4,000마리가 되었다. 메기가 미꾸라지를 열심히 잡아먹었는데도 이러한 결과가 나왔다. 메기라는 천적이 오히려 미꾸라지의 생존력을 높여주었다.

    생전의 이건희 회장은 자신의 경영철학을 진솔하게 쓴 책을 남겼는데 여기에 메기론의 연장이 나온다. 그는 이 책에서 장수기업의 요건으로 네 가지를 들었다.(『이건희 에세이』 283쪽)

"둘째는 변화에 대응하는 힘을 기르는 것이다. 그러기 위해서는 조직의 군살을 빼야 한다. 셋째는 장기적·미래지향적으로 사업을 해야 한다. 단기적 안목으로 경영하면 변화하는 환경에 시달려 탈진하고 만다. 넷째는 자율과 창의가 발휘되는 기업 문화가 필요하다. 반짝이는 아이디어가 속출하고 생(生) 정보의 커뮤니케이션이 활발한 조직만이 미래를 얻을 수 있다.

첫째는 위기의식이 높아야 한다. 진정한 위기의식은 비록 사업이 잘되고 업계 선두의 위치에 있을 때라도 항시 앞날을 걱정하는 자세다. 경영난에 빠져 부도를 걱정하는 것은 공포 의식에 지나지 않는다. 위기의식을 가지려면 세상 돌아가는 흐름을 파악하고 그 속에서 우리 기업이 어느 위치에 있는지, 어떤 능력을 지니고 있는지를 냉정하게 파악할 수 있어야 한다."

나는 여기서 '위기의식을 가지려면 세상의 흐름과 자신의 위치와 능력을 냉정하게 파악할 수 있어야 한다'라는 것에 방점을 두고 싶다.

한국이 낳은 세계적인 경영자의 한 사람인 고(故) 김우중 회장도 경영인의 가장 중요한 요건으로 위기의식의 중요성을 들었다.(신장섭 『김우중과의 대화』 432쪽)

"세상에는 세 가지 부류의 사람이 있다. 첫째는 아무런 생각도 준비도 없이 사는 사람이다. 이런 사람은 기회가 와도 기회가 온 줄 모르고 지나친다. 절대 성공하지 못한다. 둘째는 기회가 온 줄은 아는데 미처 준비되어 있지 못해서 도전하지 못하는 사람이다. 이 사람도 실패한다. 기회라는 게 완벽한 상태에서 오는 게 아니라 항상 리스크가 내재되어 있다. 그런 리스크를 감당할 수 있을 만큼 준비가 되어 있지 않으면 도전하지 못한다. 셋째는 언젠가 기회가 올 것으로 생각하고 철저히 준비하고 관리하는 사람이다. 이런 사람은 기회가 오면 준비한 대로 할 것이고 성공할 가능성이 높다. 이렇게 해서 성공하면 재미가 붙는다. 그러면 다음 것을 위해 더 열심히 노력하고 준비하게 된다."

나는 여기서 말하는 '기회'를 '위기'와 같은 의미로 해석한다. 위기의식을 가진 사람은 언젠가 위기가 닥치게 될 것을 생각하고 철저히 준비하게 된다. 일부 사람들은 김우중 회장을 실패한 경영자라고 하면서 김 회장의 기회(위기)론을 평가절하하기도 한다. 각자의 판단이 있겠지만 나는 김우중 회장을 '실패한 경영자'가 아니라 '좌절된 경영자'라고 본다. (신장섭 「김우중과의 대화」 441쪽 대우 해체 쟁점 표 및 중앙일보 「손병두의 'IMF 위기 파고를 넘어' 지금도 의문인 대우 그룹 해체」 참조)

위기의식을 가져야 위기를 예방할 수 있다. 위기 대응 홍보의 첫 단추는 위기의식이다. 기업이든 정부 기관이든 나름대로 위기 대응 홍보를 중요시하고 대비한다. 그러나 대부분은 실제 조직 운영에서 위기를 잉태하면서도 위기의식이 없다. 왜 그런가? 보안 의식과 위기의식을 혼동하고 있다. 어쩌면 이건희 회장의 말씀처럼 공포 의식과 위기의식을 혼동하고 있는 것과 같다. 위기의식이 잠재적 위험에 대한 경각심을 갖는 것을 의미한다면, 보안 의식은 안전하고 안정된 상태를 유지하려는 마음을 나타낸다. (첨단기술이나 경영전략이 아닌)보안 의식을 위기 대응과 관련해서 해석하자면 비정상적이고 공정하지 않은 것을 감추고 싶은 욕심이다.

현장 경험에 의하면 조직이 위기의식을 갖기 위해서는 먼저 조직이 사회의 가치 지향과 이해관계자의 활동에 눈과 귀를 열고 있어야 한다. 즉, 인지 감수성을 높여야 한다. 앞에서 "홍보란 조직을 사회의 가치 지향에 맞게 조율해 가는 과정"이라고 했다. 참여하고 조율해 가는 과정 안에서 위기가 인지되고 대응 방안이 모색된다. 왜 그런가? 기업이나 기관은 '합법'에 기준을 두지만 '진보적' 시민단체는 '가치를 지향'하기 때문이다. 합법과 가치 지향은 충돌할 수밖에 없는데 역사는 가치 지향의 손을 들어 주었다. 지향하는 가치의 실현은 사회 진화의 모습으로 나타났다. 우리가 '진보적' 시민단체의 활동을 중시해야 하는 이유다. 여기서 말하는 '진보적' 시민단체는 자기 이익만을 추구하는 포퓰리스트 집단이 아니라 공공선(公共善)을 추구하는 시민단체를 의미한다.

그러나 돈 많고 힘 있는 일부 기업이나 기관은 그 돈과 힘으로 인지 감수성을 스스로 무디게 만들고 있어서 안타깝다. 세상 돌아가는 흐름을 파악하고 그 속에서 자신의 조직이 어느 위치에 있는지, 어떤 폭탄을 품고 있는지를 냉정하게 파악할 수 있어야 하는데 말이다. 합법이 아니라 가치 지향의 거울을 봐야 한다. 그 거울은 '진보적' 시민단체의 활동 방향이다. 정몽구·이건희·김우중 회장의 '위기의식론' 뒤에는 끊임없이 사회의 변화를 포착하고 그에 따라 바뀌어 갈 가치를 발굴해야 한다는 일념이 있었다. 그러한 위기의식과 가치 발굴 속에서 위기 대응 홍보도 가능해진다.

경쟁사를
제압하는 홍보①

2018년 도널드 트럼프(Donald Trump) 미국 전 대통령은 미국과 미국 노동자들을 보호하기 위해 수입 강철에 관세를 부과하겠다고 트위터에 발표했다. 그는 평소처럼 대문자로 글을 써서 그 뜻을 강조했다. "IF YOU DON'T HAVE STEEL, YOU DON'T HAVE A COUNTRY!(철강이 없다면, 국가가 없다!)"(에드 콘웨이 『물질의 세계』 249쪽)

실제로 트럼프는 2016년에 미국 대통령에 당선되자마자 국가 안보 차원에서 철강의 중요성을 역설하면서 관세·비관세 장벽으로 수입산 철강재를 규제했다. 2017년 6월 나는 미국 뉴욕 맨해튼에서 WSD(World Steel Dynamics)가 주최하는 세미나에서 특이한 광경을 목격했다. WSD는 철강 관련 정보와 컨설팅을 제공하는 민간 서비스 기관이다. 매년 6월 뉴욕에서 세미나를 개최하고 전 세계 철강회사들의 경쟁력을 평가해서 발표하고 있다. 그런데 2017년에는 행사장 입구와 연단에 성조기를 설치해 놓고 상무부 장관이 와서 미국의 철강 통상 정책을 설명하는 등 정부 개입을 노골적으로 드러냈다. [1]

18세기 산업혁명 때부터 철강이 국력의 상징이 되었지만 부가가치의 중심이 첨단 산업으로 옮겨간 2017년에 이런 일이 일어나고 있었다. 물론 정치인 트럼프가 철강 노동자들의 표를 의식했겠지만, '철' 그 자체의 요인이 더 크다고 본다. 철은 인류가 무엇을 하고자 할 때 그것을 구현해 주는 거의 유일한 소재다. 집을 짓고 이동을 하고 먹거리를 만들 때 철이 만들어 주는 수단이 있어야 한다. 그 자체로 필요한 물건이 되기도 하지만 필요한 물건을 만들기 위해서도 반드시 철이 있어야 한다. 앞으로도 이러한 기능을 수행할 대체 소재는 없다.

2016년 미국 대통령에 당선된 트럼프는 철강은 중요한 국가 전략산업이라고 선언하고 각종 관세·비관세 장벽을 도입해서 미국 철강산업을 보호했다. 사진은 2017년 WSD회의장 모습. 민간기업의 행사에 성조기를 비치하는 등 국가개입을 노골적으로 드러냈다.

우리나라가 세계 10대 경제 강국이 된 것에는 철강의 기여도가 으뜸이다. 대한민국 최초의 철강회사는 1953년에 창립한 인천제철(현 현대제철)이다. 전쟁 고철을 녹여서 철강재를 생산했다. 그런데 이 인천제철이 우리나라 산업사에서 늘 화제를 낳았다. 1974년 기준 재계 순위는 1위 포항종합제철, 2위 현대조선, 3위 동국제강, 4위 현대건설, 5위 대농, 6위 인천제철이었다.^(매출액 기준. 매일경제 1975.10.7.) 1978년 현대그룹과 동국제강은 산업은행 관리를 받고 있던 인천제철을 50:50으로 공동 인수를 추진했다. 철강 생산 전문 동국제강과 철강 제품 수요가 많은 현대는 서로 윈윈할 수 있는 조합이었다. 그런데 입찰 마감 시간 5분을 앞두고 현대그룹 정주영 회장은 동국제강 장상태 사장에게 전화했다.

"아, 이봐요. 장 사장! 이를 어쩌지? 나는 아들이 많아서 기업을 하나씩 줘야 하니 인천제철 인수에 단독으로 입찰해야겠소!"

이에 동국제강도 급하게 단독 입찰서에 예정된 금액을 기재해서 제출했다. 공교롭게도 양 사의 입찰금액은 400억 원으로 같았다. 그러나 현대는 즉시 현금으로, 동국은 6개월 분할 조건이었다. 당시 국내 최고 철강회사였던 동국제강 장상태 회장은 현대의 돌변이 무척 야속했고 섭섭한 감정을 주위에 토로했다고 한다. ^(『송원 장상태 전기』 89쪽)

한편 현대그룹은 이때 인천제철을 인수해 정상화시킨 후 2004년에는 이를 기반으로 한보철강을 인수할 수 있었다. 이번에는 포스코-동국제강 컨소시엄과 현대그룹 간에 입찰 경쟁을 했다. 이때도 입찰 금액이 9800억 원으로 같았다. 그러나 한보철강 종업원 승계와 임금 인상 등 부대조건에서 현대가 좋은 점수를 받았다.

이러한 역사적 배경을 가진 현대제철은 한보철강 부지에 일관제철소 건설을 추진했다. 4전 5기 만에 진출에 성공한 것이다. 그러자 포스코와 전쟁이 벌어졌다. 그동안 포스코의 반대 논리는 늘 공급과잉이었다. 현대가 진출하면 국내 철강소재 공급과잉으로 모두 패자가 될 수 있다고 했다. 현실은 철강 중간 소재(슬라브, 핫코일 등)가 부족해서 수입을 하고 있었다. 그러나 현대가 대량 생산을 하게 되면 공급이 많아지게 된다. 따라서 포스코는 철강 출입 기자들에게 이러한 논리를 집중 설명했다.

홍보팀은 우선 이 논리를 극복해야 했다. 우리도 기자들에게 집중 홍보를 했다. 컬러 TV, 냉장고, 반도체, 자동차, 석유화학 등 다 국내 공급과잉이다. 그런데 왜 철강만 문제가 되나. 그 회사들이 다 망했나. 선의의 경쟁을 통해 경쟁력을 키워 세계로 뻗어 나갈 수 있다. 이러한 반대 논리를 집중 홍보했고 또 이미 진출을 선언한 관계로 이번에는 논쟁이 오래 지속되지는 않았다.

일관제철 철강이 독과점 산업이다 보니 이 글에서 특정 회사 이름을 거론하게 되는데, 사실 어느 업종이나 선발 회사와 후발 회사 간에는 치열한 경쟁이 벌어진다. 선발 회사의 후발 회사 진입에 대한 반대나 바리케이드 작전을 비난할 필요도 없고 해서도 안 된다. 그 자체가 경쟁력을 높이는 일이고 세계 시장 진출의 길을 넓히기 때문이다. 앞으로 다양한 홍보 전쟁을 소개하겠지만 철강회사들은 모 전자 회사 간의 세탁기 파쇄 논쟁 같은 싸움은 하지 않았다. 철저한 논리 싸움이었고 누가 더 이해관계자의 신뢰를 받느냐의 문제였다.

2022년 태풍 힌남노로 포스코 포항제철소가 침수되자 현대제철은 쇳물운반차량(토페이도 카)를 긴급 지원했다.

　　어느 한쪽이 위기를 당하면 서로 도울 수 있는 것은 적극적으로 도 왔다. 2016년 5월 현대제철 용광로에 심각한 장애가 발생했을 때는 포스코 출신 기술진이 현대제철을 도와줬고, 2022년 태풍 힌남노로 포항제철소가 침수되었을 때는 현대제철이 쇳물 운반차(토페이도 카)를 지원하기도 했다. 그리고 철강 무역전쟁 같은 대외 이슈에는 정부와 두 회사가 적극적으로 공조하고 있다.

　　그렇지만 일상적인 홍보 전쟁은 치열하게 전개되었다. 선발 회사의 후발 회사에 대한 견제는 크게 세 단계로 이뤄진다. 첫째는 진입 저지, 둘째는 주저앉히기, 셋째는 말 잘 듣는 동반자 만들기다.

첫 단계 시장 진입 저지는 위에 소개한 공급과잉 논리와 대 정부관계 로비 전이었다. 오랜 전쟁 끝에 현대는 한보철강 인수를 통해 이를 극복했다. 그러나 둘째, 셋째 바리케이드는 다양했고 싸움도 치열했다.

---

1) 트럼프 대통령은 철강은 국가 기간 산업이라면서 중국산 철강재에 대해 25% 수입 관세를 부과했다. 이날 WSD 세미나에서 미국의 한 철강회사 CEO가 한국의 현대제철이 중국산 철강 중간 소재(billet)를 수입, 철근으로 가공 후 미국으로 우회 수출을 해서 관세를 피하고 있다고 설명했다. 이에 당시 현장에 참석했던 현대제철 한 사원(Y)이 사실무근이라고 즉각 이의를 제기하자 그 CEO도 바로 정정·사과하는 일이 있었다.

경쟁사를
제압하는 홍보②

2004년 10월 일관제철소 진출을 선언했지만 모든 게 준비된 상태는 아니었다. 선언을 하고 준비를 해나가야 했다. 일관제철 사업은 준비할 것이 많은 사업이다. 대표적인 준비 사항은 부지, 기술, 자금, 원료, 인력이다. 부지는 연·원료의 수입과 제품 수출을 위해 대형 선박의 입출항이 쉬운 수심 깊은 해안이 필요했다. 한보철강 인수로 이 점은 해결이 되었다. 나머지는 하나하나 채워가야 하는데 선발 회사는 후발 회사의 이러한 준비 사항의 약점을 집중적으로 파고들었다. 출입 기자들에게 현대제철의 약점을 슬그머니 흘리면 기자는 우리를 취재하게 된다. 당시에는 두 회사 간의 긴장이 고조되었던 때라 기자들의 특종 경쟁이 치열했다. 따라서 즉시 제대로 된 답변을 못하면 바로 기사화되고 이러한 기사는 증권시장을 통해 금융권을 긴장시켰다. 금융권이 긴장하면 인허가를 해주는 정부가 신중해진다.

홍보팀으로서는 난감했다. 우선 일관제철 관련 용어부터 공부하기에 바쁜데 선발 회사를 통해 논리 정연하게 무장된 기자를 상대해야 했다. 더구나 홍보팀은 회사 내부 정보를 잘 모른다. 중요한 계획이나 계약 사항은 거의 모두 상대방과의 비밀 유지가 필요한 사항들이다. 갓 탄생한 홍보팀의 인적 역량이나 예산도 선발 회사와는 비교가 되지 않을 정도로 열악했다. 또 하나의 애로 사항은 '지시하지 않은 사항은 홍보하지 말라'는 회사의 홍보 지침이었다. 큰 회사와 대응해서 이길 수도 없으니 논란을 키우지 말라는 의미였다. 회사가 홍보 경륜이 없다 보니 수많은 언론사와 기자들이 회사 뜻대로 움직여질 수 있다고 생각하는 면도 있었다. 그렇지만 선발 회사와 언론은 기다려 주지 않는다.

2004년 10월 21일, 한보철강 인수 후 정몽구 회장은 당진제철소 첫 방문에서 일관제철소 추진을 선언했다. 이 선언 후 불과 2주 지난 11월 초 한 주간지 표지에 '현대차의 위험한 도전'이라는 제목의 기사가 게재되었다. 내지에는 '현대차그룹 불구덩이 속으로!'라는 제목의 장장 6면에 걸친 기사였다. 기사 여건상 나름대로 균형을 맞추려고 했지만, 정몽구 회장의 '철강 사랑'이 삼성그룹 이건희 회장의 실패한 '자동차 사랑'의 재판이 될 수 있다는 등 다분히 독자들의 우려를 불러일으키는 기사였다. 이외에도 자금, 기술 문제 등을 거론하면서 자동차 산업까지 망칠 우려가 있다고 했다. 특히 자동차-철강회사 수직계열화 실패 사례라며 미국 포드자동차의 루즈스틸(Rouge Steel)을 소개했다. 포드자동차가 운영한 루즈스틸은 포드자동차 성장에 절대적인 기여를 했지만, 1970년대 이후 미국 자동차 산업과 철강산업의 경쟁력 동반 쇠퇴로 매각한 것이지 수직계열화 때문에 실패한 것은 아니었다. 그렇지만 기사에는 실패 사례만 부각할 뿐 그런 내용은 없었다. 후발 회사의 시장 진입 저지는 실패했으니 2단계인 주저앉히기 단계로 돌입했다고 판단했다.

주간지 6면 기사 분량이면 미리 자료를 준비해 두었다가 일관제철

현대차그룹
불 구덩이 속으로!

용광로 사업진출, 투자비·기술 등 겹겹 난제…자동차산업 망칠 우려 커

지난달 21일 현대기아차그룹 임직원들은 놀라운 소식을 접하게 됐다. 그룹 총수인 정몽구 회장이 한보철강 인수 후 당진공장(구 한보철강)을 방문한 자리에서 고로건설을 천명했기 때문이다. 당진공장 정상화를 위해 필요한 자금만 해도 자그마치 1조5천억원 정도가 필요한 판에 고로 한 기를 건설하는 데 1조7천억원이라는 천문학적인 투자비가 필요한 사업을 하겠다니 놀랄 수밖에 없다.

한보철강 인수 자체를 둘러싸고도 우려의 목소리가 잦아들지 않는 상황에서 정 회장의 '철강 사랑'이 자칫 삼성그룹 이건희 회장의 '자동차 사랑'의 재판이 되지 않을까 하는 목소리도 나온다. 물론 간단히 생각해 보면 그간 POSCO가 독점적인 지위를 유지하던 '철강판'에 새로이 뛰어들어 양강구도 체제를 만들 수 있을 것으로 판단할 수도 있다. 하지만 양강구도를 형성하기까지는 넘어야 할 산이 너무나 험난하다는 데 문제의 심각성이 있다.

정몽구 회장의 일관제철소 추진 선언 2주 만에 이를 우려하는 장문의 기사가 게재됐다. 철강회사 출입기자는 물론이고 오랫동안 근무한 직원들도 잘 모르는 전문적이고 광범위한 내용이 많았다.

소 진출 선언과 동시에 언론사에 제공했을 것이다. 당연히 기자는 받은 자료를 익히고 각색했을 것이다. 이미 짜여진 기사에 취재 마감을 앞두고 현대제철 홍보팀에 '절차적 취재'가 들어왔지만 제대로 대응할 수가 없었다. 홍보팀 초기라 내용을 잘 몰랐고 회사의 함구 지침도 있었다. 더구나 루즈스틸은 이름도 처음 들었다. 결국 기사에는 이렇게 표현이 되었다. "어쨌든 고로 문제만 나오면 현대제철 관계자는 아직껏 묵묵부답으로 일관하고 있다."

홍보팀장이 되고 이렇게 기습적·집중적·입체적으로 황당하게 당한 것은 처음이었다. 드디어 긴 전쟁이 시작되었다. 열악한 홍보 인프라와 예산에 더해 회사의 홍보에 대한 인식 부족은 오히려 오기를 북돋아 주었다. 어차피 죽을 거라면 전투 중에 죽자, 그래야 후배들이 기록이라도 남길 수 있을 것이다,라고 각오를 했다. 당시 선발 회사가 '부지, 기술, 자금, 원료, 인력' 외에 홍보팀을 힘들게 한 몇 가지 중 하나가 이 건이었다. 회사 내에서 홍보팀을 도와줄 조직이나 인력이 없어서 철저히 홍보팀 자체적으로 준비해야 했다. 루즈스틸 사례[1]부터 반박 준비를 했다.

포드자동차는 1900년대 초에 철강-자동차에 이르는 수직계열화를 위해 루즈지역에 일관제철소를 건설했다. 1970년대 포드자동차와 철강의 실적이 악화되기 전까지 약 60여 년간 철강 사업은 포드자동차에 큰 기여를 했다. 그러나 1,2차 오일 쇼크와 환경규제 강화, 강성 노조의 등장으로 철강산업 주도권이 1970년대부터 일본으로 이전되면서 미국 철강산업은 쇠퇴하기 시작했다. 반면 일본은 임해 제철소를 세우고 브라질, 호주 등으로부터 고품질의 연·원료를 싸게 구입했고 최신 대형 제철소로 원가·품질 경쟁력을 키웠다. 미국은 자동차 수요 부진이 이어졌고 일본은 미국의 철강·자동차 시장을 잠식해 갔다. 이러한 현상은 1985년 플라자합의 때까지 지속되었다.

1973년과 1982년의 미국 자동차와 철강산업을 비교해 보면, 자동차 판매량은 1135만 대에서 798만대로 30%가 줄었고, 수입차 점유율은 16%에서 28%로 12% P가 늘었다. 철강 생산량은 136백만 톤에서 68백만 톤으로 50%나 감소했고, 수입량은 10백만 톤에서 14백만 톤으로 40%나 증가했다. 또한 루즈스틸은 포드자동차 의존도가 85%나 되었다. 현대제철의 현대차그룹 판매 의존도는 20% 수준에 불과하고 최신 고로 설비와 기존의 전기로 철강이 캐시카우 역할을 하고 있었다. 한마디로 루즈스틸의 실패는 철강-자동차의 수직계열화 문제라기보다는 높은 모(母) 회사매출 의존도, 신기술 역량 확보 지연, 높은 원가구조로 인한 경영 환경 변화 대응 실패였다. 홍보팀은 이러한 논리를 만들어서 철강 전문지 기자를 통해 선발 회사에 알려지도록 했다. 잘못된 주장을 계속할 경우 역효과를 각오하라는 뜻도 전했다.

선발 회사가 전파한 또 다른 논리는 최신 파이넥스(FINEX) 공법이었

한국일보   2007년 6월 20일 수요일 A17면 경제

포스코, 베트남에 '파이넥스 공법'

첫 수출… 연산 50만톤 전기로도 검토

포스코가 베트남 일관 제철소에 파이넥스 공법을 적용키로 했다. 파이넥스 공법이란 포스코가 개발해 최근 상용화에 성공한 차세대 혁신 제철기술로 설비 제조원가 환경오염을 크게 줄일 수 있는 친환경 공법이다. 이에 따라 포스코는 파이넥스를 해외로도 수출, 기존 고로(용광로)를 빠르게 대체하며 세계 철강업계를 선도하게 될 것으로 기대된다.

베트남 일관 제철소에 대한 타당성 조사를 받이고 있는 포스코의 이용력 하노이 사업소장은 19일 "베트남에 일관 제철소를 짓는다면 고로보다는 파이넥스가 될 것"이라며 "연말까지 타당성 조사를 마칠 계획"이라고 밝혔다. 이 소장은 최근 인도의 타타스틸

이 베트남에 일관 제철소를 건설하겠다고 밝힌 것과 관련, "베트남 정부가 타타스틸보다 포스코에 더 우호적인 것으로 알고 있다"며 "베트남의 첫 일관 제철소는 포스코가 건설하게 될 것"이라고 강조했다.

포스코는 이와 별도로 베트남의 건설용 강재 수요에 대응하기 위해 연산 50만톤 규모의 전기로를 세우는 방안도 검토키로 했다. 포스코와 베트남철강총공사(VSC)의 합작사로 주로 철근과 선재 등 봉강류를 생산해 온 VPS(VSC POSCO STEEL)의 백진호 부사장은 19일 "지속적인 경쟁력 강화를 위해선 선재와 철근의 소재로 강철 명어리인 '빌릿'(Billet)을 직접 만들 수 있는 전기로 건설이 필요하

다"며 이같이 말했다. 베트남의 수도 하노이에서 동쪽으로 70km 떨어진 하이퐁에 자리잡고 있는 VPS는 1994년 설립 이후 러시아나 중국에서 빌릿을 수입, 압연을 통해 방법으로 건설용 강재를 생산 판매해 왔다. 그러나 2000년대 들어 현지 봉강 업체가 늘면서 경쟁이 치열해진 데다 지난해 400달러에도 못 미쳤던 빌릿이 최근 540달러까지 상승하며 채산성 악화에 시달려 왔다. 빌릿은 봉강류 제품 원가의 95%를 차지한다.

전기로를 세울 경우 VPS는 빌릿을 자체 생산해 원가 경쟁력을 확보하는 것은 물론, 현지 봉강업체들에게도 빌릿을 공급할 수 있을 전망이다. 현재 베트남은 봉강류 제품은 공급 과잉인 반면, 빌릿은 부족해 대부분 수입에 의존하고 있다.

하노이=박일근기자 ikpark@hk.co.kr

다. 구식 공법인 고로 공법으로 할 경우, 미래 경쟁력이 없다는 논리였다. 그러면서 앞으로 기존의 모든 고로를 파이넥스로 교체할 것이며 추진 중인 인도, 베트남 등 해외 제철소도 파이넥스 공법으로 하겠다고 대대적으로 홍보했다. 2006년 당시 선발 회사는 연산 150만 톤의 제2파이넥스 설비 가동을 준비 중이었다. 파이넥스 설비는 분철광석과 분탄을 사용하므로 코크스 과정이 필요 없는 등 일부 장점은 있으나 품질 불안정과 설비 대형화 한계로 원가 경쟁력을 확보하지 못하고 있다는 게 그 회사 퇴직 임직원의 증언이다. 선발 회사는 2014년에 연산 200만 톤의 제3파이넥스 공장 완공을 끝으로 더 이상 파이넥스 설비는 늘리지 못했다. 대대적으로 홍

보했던 해외 진출도 좌절되었고, 기존 고로의 파이넥스로의 교체도 없었다. 이러한 현상은 2024년 현재도 지속되고 있다.

현대제철(정몽구 회장)이 일관제철소를 추진했던 가장 큰 이유는 그동안 고질적인 애로 사항이었던 고품질의 자동차 강판을 합리적인 가격으로 필요한 시점에 조달하기 위해서였다. 따라서 100년 이상 검증된 공법인 고로 공법으로 고품질의 철강을 경쟁력 있는 원가로 언제든지 생산해야 했다. 시간은 걸렸지만 자동차 강판도 홍보 논리 전쟁도 진위는 가려졌다.

1) 포드자동차는 자동차 경쟁력이 철강에 있다고 판단하고 경쟁사보다 앞선 투자를 했다. 포드의 대명사인 '모델 T'는 가볍고 강력한 합금인 바나듐강을 썼다. 1905년 포드는 자동차 경주에서 끔찍한 사고를 목격하고 현장에서 놀랄 만큼 튼튼한 부속을 발견했는데 이 부품이 바나듐(Vanadium)이란 원소가 합금된 프랑스산 철강이란 것을 알았다. 그러나 미국에서 이를 생산해 줄 철강회사가 없어서 영국 출신 야금학자를 고용해 소재를 직접 생산했다.

1908년 포드는 마침내 유니버셜 카 '모델 T'를 출시했다. 1908년 10월부터 1909년 9월까지 포드는 1만 대 이상의 차량을 생산해 모두 판매했다. 당시 포드사의 광고는 이랬다. "최고급에 최고가인 바나듐강만을 사용해서 자동차를 만들었습니다. 차축, 샤프트, 연접봉, 스프링, 기어, 브래킷 등 모두가 바나듐강입니다." 모델 T는 다른 차들보다 가볍고 운전도 쉽고 중량 대비 출력도 좋은 편이었다. 다른 차들이 종래의 무거운 강철로 만들어진 탓이다. (에드 콘웨인 지음, 『물질의 세계』 인플루엔셜 2024. 277쪽, 윌리엄 매그너슨 지음, 조용빈 옮김, 『기업의 세계사』, 한빛비즈, 2024, 193쪽 참조)

루즈스틸 회사는 1920년대에 건설된 헨리 포드의 거대한 리버 루즈 자동차 공장의 필수적인 부분으로 시작되었다. 이 철강업체는 1980년대 초까지 포드의 '수익성 높은 사업부'로 남아있었지만, 경기 침체와 미국 자동차 시장의 어려움으로 수익성을 잃었다. 자동차 제조업체가 더 이상 자동차에 철강을 많이 사용하지 않고, 더 이상 자동차를 많이 만들지 않으며, 자체 제철소에서 생산할 수 없는 아연 도금 강철을 더 많이 필요로 하기 때문에 [루즈스틸]의 포드에 대한 철강 판매는 급격히 감소했다. 예를 들어 1977년 포드는 북미 사업부에서 440만 대의 자동차와 트럭을 생산했지만 1980년에는 240만 대, 1981년에는 230만 대로 추정되는 차량만 생산했다.

(뉴욕타임즈 1981.12.24.)

(FORD'S ROUGE STEEL GOES ITS OWN WAY, The New York Times, Dec.24, 1981)

The Rouge Steel Company began as an integral part of Henry Ford's sprawling River Rouge automobile plant, built during the 1920s. The steelmaker remained a lucrative division of Ford until the early 1980s, when it lost profitability due to economic recession and a troubled U.S. auto market. [Rouge Steel's] Steel sales to Ford have declined dramatically because the auto maker no longer uses as much steel in its cars, no longer makes as many cars, and requires a greater amount of galvanized steel, which its own steel mill cannot produce. In 1977, for example, Ford produced 4.4 million cars and trucks in its North American divison, while in 1980 it produced only 2.4 million and an estimated 2.3 million in 1981.

경쟁사를
제압하는 홍보③

선발 회사의 일관제철소 '회사' 대형화 논리 홍보는 참으로 오랫동안 진행되었다. 처음 현대제철은 350만 톤 고로 2기(연산 700만 톤)를 하겠다고 했다. 불필요한 공급과잉 이슈를 의식해서 보수적으로 계획했다가 철강 경기가 회복되고 사업 추진에 자신감이 생기자 400만 톤 고로 3기(연산 1200만 톤)로 최종 확정했다.

1990년대 후반부터 2000년대 초반까지 전 세계 철강회사들은 과잉 설비로 몸살을 앓았다. WSA(세계철강협회) 연례 회의 때마다 국가별 설비 감축이 주요 이슈였다. 한편으로는 철강회사들끼리 합병을 통한 대형화가 추진되고 있었다. 독일은 티센(Thyssen)과 크룹(Krupp)이 합병해서 티센크룹철강(TKS)이 되었다. 영국의 브리티시 스틸(British Steel)과 네덜란드 후고번스(Hoogovens)가 합병해서 코러스(CORUS)로 탄생했다. 일본은 NKK와 가와사키(Kawasaki)가 합병해서 JFE로 탄생했다. 룩셈부르크의 아베드(Arbed), 프랑스의 유지노(Usinor), 스페인의 아세랄리아(Aceralia)가 합병해서 아르셀로(ARCELOR)가 되었다. EU의 LME는 미국의 ISG와 합병해서 MITTAL로 탄생했고, MITTAL은 다시 아르셀로를 인수해 아르셀로미탈(Arcelor Mittal)이 되면서 생산CAPA가 세계 최초로 1억 톤이 되었다. 그러나 회사는 컸지만 제철소 평균 규모는 아르셀로미탈 700만 톤, 신일철 600만 톤, JFE 760만 톤, 포스코 1300만 톤 등 평균 670만 톤 수준이었다.

선발 회사는 이러한 합병을 통한 '회사' 대형화 추세에 따라 자신들도 기존 3300만 톤과 인도에 계획 중인 1200만 톤 제철소 및 동국제강의 브라질 CSP 300만 톤 등 총 연산 5000만 톤 회사로 대형화된다고 홍보했다. CSP 지분은 브라질 발레사 50%, 동국제강 30%, 선발 회사 20%였다. 자신들의 지분은 20%에 불과함에도 CAPA 전체를 자신들 것으로 합산해서 홍보했다.

그렇지만 선발 회사의 이러한 일방적·희망적 홍보에 당하고만 있을 수는 없었다. 반론을 수립하기 위해 WSD에서 발간하는 각 사별 수익성 자료로 분석했다. 결과는 예상대로였다. 수익성이 가장 높은 4개 사의 2006년 세전 이익률이 일본 JFE 19.8%, 한국 포스코 20.5%, 대만 CSC 26.8%, 중국 바오스틸 13.2%였다. 이들의 공통점은 '회사'가 대형이 아니라 '용광로'가 '최신 대형'이었다. 당시 홍보팀에서 분석한 이러한 논리는 회사 경영진도 놀라게 했다. 그만큼 '회사' 대형화 논리는 위세를 떨치고 있었다.

이렇게 분석한 자료를 출입 기자들에게 주면서 선발 회사에도 알려 주고 반응을 취재해 보라고 했다. 그리고 초대형 아르셀로미탈도 철강 경기가 조금만 위축되면 위기를 맞을 것이라며 그 이유를 설명해 주었다. 유럽의 제철소들은 역사가 오래되고 설비가 노후화되었다. 또한 연·원료 생산지를 따라 내륙의 강과 운하를 중심으로 물류가 이뤄지므로 규모가 작았다. 노동조합의 긴 역사만큼이나 인건비 비율도 높았다. 2006년 기준 매출액 대비 인건비 비율이 포스코 5.7%, 신일철 7.0% 수준인데 반해

M&A 대형철강회사 위험 경고

※ 낮은 생산성, 높은 인건비 비율 ➜ 수요 감소 시 위험 경고 ➜ 3년뒤 현실화

세계최대 철강社 미탈의 몰락

매일경제

2008년 11월 01일 토요일 A07면 국제

경기침체로 제품값 급락…탈시미 회장 자산평가액 4분의 1로 뚝

세계 최대 철강업체인 아르셀로미탈이
이 공룡별 경기침체에 따른 수요 감
소로 경영에 빨간불이 켜졌다.

철품 들어 1톤 최고 1200달러까지
남나들던 철강가격이 최근 1톤 800
달러대로 급락했다.

철강 가격 하락으로 아르셀로미탈의
주가도 요동치고 있다. 주가는 지난
6월 말 이후 무려 72%나 폭락했다.

이에 따라 지분 45%를 보유한 미
탈가 최대주주 탈시미 미탈 회장(사
진)의 지분평가액도 지난 6월 660억
달러에서 160억달러로 주저앉았다.

상황이 악화돼 전담자 미탈 회장은
향후 8년간 무려 350억달러에 육박하
게 될러 인프라 스트럭처를 투입해야
한 담보. 계획도 전면 재검토에 들어
갔다. 사실상 취소하는 수순을 밟고
있다.

파이넨셜타임스(FT)는 아르셀로
미탈이 이번 9월 들어 3분기 실적발
표와 함께 예정대로 인프라설비투자 경

영상태에 관심이
모아지고 있었고
지난달 31일 보도
했다.

FT는 현재 철강
업계 현실은 녹록
지 않은 상황이라
고 전했다.

우선 '빚'이 없이 수조원이 '현금보
유 상황'이 될 수 있다.

FT는 "세계 최초인 해양 으로만 지
리 잠은 중국과 인도 등 이해 '잔다 자
러 초과공 영양 이 해 4러군 흥류
을 누르며 확정하고 이제 영향 국면
으로 돌아섰다"고 전다했다.

이는 철강수요에도 마찬가지고, 2
00건 금융가들이(IT) 가을 전문고 기
계 하락을 경험했던 철강업계 경기
부진으로 힘어 반역 돼다시 거래가격
하락을 만들고 있다.

지난주 중국 B주(B&A) 계획된
철강사업 주주협회에 임시 관리여원

은 '中야
현재로
고 있다.
국 뉴아로
방 넥이어
대부분들
이 상승
시점이면
이사합으로
이사회가
그러나

'미탈'을 위한 나라는 없다?

철강 가격 추이 (단위=달러)

조강 생산량 (단위=백만t)

[표] 주요 M&A기업 수익률 현황

(자료: WSD, World Steel Dynamics, 2005.12.)

선발 회사의 '소형 회사'는 경쟁력이 없다'는 홍보성 대응에서, 2005년 9월부터 1가지들에게 전파한 조서 중형 계열소가 경쟁력이 있다. 오히려 노후화된 대형 회사가 위험하다는 홍보 노리가 있음되었다.

CORUS 15.4%, TKS 19.7%, 아르셀로미탈 24.2%나 되었다. 인당 연간생산성도 신일철은 2458톤이지만 CORUS는 469톤에 불과했다. 이에 반해 최신 대형 용광로 제철소들은 임해에 입지해서 대형 선박을 이용 최고 품질의 연·원료를 수입해서 사용하게 되므로 원가 경쟁력이 있었다.

나의 주장은 곧 입증되었다. 2008년 세계 금융위기로 철강 경기가 위축되자 아르셀로미탈부터 어려움에 봉착했다. 기자나 언론사는 팩트에 동의하더라도 기사를 크게 다루기 위해서는 어떤 계기가 필요하다. 이를 염두에 두고 평소 기자들에게 설명을 축적해 놓은 결과 미탈이 어려움에 처하자 언론은 크게 보도했다.

선발 회사가 대형화와 관련해 후발주자를 공격한 또 하나의 논리는 국내 설비 과잉 논쟁이었다. 우리나라 제조업 평균 영업이익률은 6% 수준이다. 2008년 선발 회사의 영업이익률은 21.3%였다. 전형적인 국내 독점 이익이었다. 현대제철이 시장에 진입하기 전까지 이 수준이 늘 유지되었다. 그러나 현대제철과 경쟁체제가 시작되면서 낮아지기 시작해 평균 8% 수준이 되었다. 8%는 산업 평균보다는 높았지만 격세지감을 느끼는 수준이다. 선발 회사의 전·현직 임원들이 현대제철 때문이라고 여기저기에 성토하고 있다는 얘기가 들려왔다. 독점이익과 경쟁 이익의 차이는 당연히 고객사의 이익으로 돌아갔지만, 어느 고객사도 후발주자를 옹호해주지는 않았다.

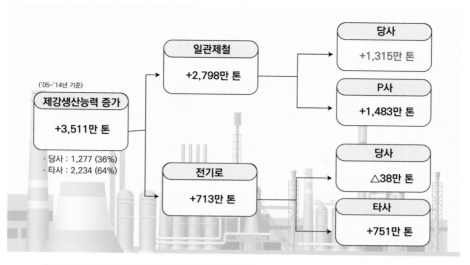

철강 경기가 위축되자 현대제철이 제철소를 건설해서 공급과잉이 됐다는 여론이 돌았다. 조사결과 선발 회사는 용광로 개보수를 통해 현대제철보다 더 많은 양을 늘렸음을 분석해서 기자들에게 설명한 자료 사진.

반박 논리를 만들었다. 2005년부터 2014년까지 우리나라 철강회사의 쇳물(제강) 생산능력을 조사한 결과 일관제철소 CAPA는 2798만 톤이 증가했고, 전기로 CAPA는 713만 톤이 증가했다. 일관제철소는 현대제철이 1315만 톤 증가했는데 선발 회사는 이보다 더 많은 1483만 톤을 증가시켰다. 전기로는 현대제철은 38만 톤을 감축했으나 다른 회사들이 751만 톤을 늘렸다. 선발 회사는 8개 용광로 개보수를 하면서 기존 설비 CAPA를 늘렸던 것이다. 한 예로 현대제철이 2010년에 국내 최대 대형 고로(5,250M³)를 가동한다고 홍보하자 선발 회사는 한 해 앞선 2009년에 광양제철소 4고로를 3800M³에서 5500M³로 개수해 먼저 가동했다. 당연히 국내 최초·최대 고로 타이틀을 홍보했다.

회사가 경쟁력 우위를 지키기 위해 노력을 하는 것은 당연하다. 후발주자도 이런 점을 염두에 두고 투자하게 된다. 그렇지만 어떤 현상에 대해 정확한 인과관계 분석 없이 손쉽게 후발주자 탓으로 돌려 여론몰이하는 것에 대해서는 명확한 데이터를 가지고 대응해야 했다. 철저한 데이터에 입각한 적시(適時) 대응으로 더 이상 '회사' 대형화와 후발주자 시장 진입 저지 논리로 괴롭히는 홍보는 없었다.

철저한 데이터에 입각한 적시(適時) 대응

2008년 세계 금융위기로 철강 경기가 위축되자 아르셀로미탈부터 어려움에 봉착했다. 기자나 언론사는 팩트에 동의하더라도 기사를 크게 다루기 위해서는 어떤 계기가 필요하다. 이를 염두에 두고 평소 기자들에게 설명을 축적해 놓은 결과 미탈이 어려움에 처하자 언론은 크게 보도했다.

경쟁사를
제압하는 홍보④

내가 다니던 강원산업은 IMF외환위기를 맞아 2000년 4월 인천제철 (현 현대제철)에 흡수합병되었다. 그러나 합병은 했지만 국내 철강 수요 침체와 중국산 철강재의 공습으로 회사는 적자를 겨우 면하는 실정이었다. 당시 철강 제품은 세계무역기구(WTO) 협정에 따른 양허관세율 적용을 받아 8%의 수입 관세율을 매년 2%씩 낮춰 2004년에는 무세(無稅)가 적용되게 되었다. 영업이익률이 8% 수준이었지만 지급이자율도 8%나 되었다. 그러니 8%의 수입 관세가 없어지면 회사는 생존의 기로에 놓이게 된다. 방법은 금융비용 절감을 위해 무차입 경영을 해야 했다. 그렇게 하기 위해서는 2004년 전에 차입금을 다 상환할 수 있는 수익을 창출해야 했다.

2001년 기획본부장(한정건 전무) 주도로 'ATTACK21'이라는 경영혁신 운동을 추진했다. 회사 최고 엘리트 15명과 컨설팅사 앤플랫폼(nPLATFORM)이 TFT를 구성하고 6개월에 걸쳐 전략을 수립했다. 그리고 생사를 걸고 전략 실행에 전력투구했다. 성과는 대성공이었다. 경상이익률이 혁신 운동 전인 2000년 0.4%에서 2001년 1.5%, 2002년 5.6%, 2003년 8.6%, 2004년 13.5%로 급증했다. 한보철강을 인수해서 그 자리에 일관제철소를 건설하겠다는 자신감은 여기서 시작되었다. 나 개인적으로도 피합병회사 출신임에도 'TFT 간사'를 맡아 혁신 운동을 성공적으로 추진하는 데 일조했다는 점은 직장 생활 내내 자긍심을 주었다.

ATTACK21 전략 실행 과제의 하나로 수입품 대응 전략이 있었다.

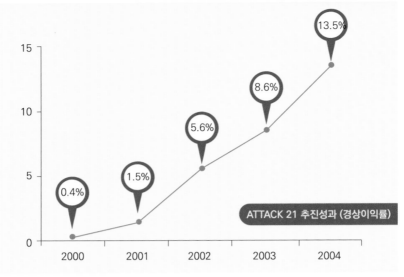

철강제품 수입관세가 2000년 8%에서 2004년에는 0%로 확정됐다. 이에 회사는 전사적인 경영혁신운동(ATTACK21)을 추진하여 경이적인 수익성을 달성했다. 여기에서 얻은 자신감은 2004년 한보철강 인수와 일관제철소 건설로 이어졌다.

전략을 수립하면서 철강업계 생존을 위해서는 대외(중국)환경 영향에 대응한 국내시장 보호가 가장 중요한 과제였다. 이를 위해 한국철강협회와 접촉했으나 전기로 철강사에 대해서는 협회의 서비스가 미온적이었다. 1975년에 설립된 협회는 철강회사들이 회원사로 가입했지만 현실은 거의 P사 계열사처럼 움직였다. 회비 부담도 제일 많았고 직원도 P사로 입사 후 협회로 전환 배치된 경우도 있었다. 협회 존재 목적은 회원사의 이익을 위함이지만 국내 유일의 고로 철강사인 P사와 전기로 철강사 등 다른 회원사와 이해관계가 다를 때는 P사 입장을 지지했다. 대표적인 게 수입 철강 제품에 대한 대응이었다. 2024년 현재와 달리 2000년 당시 P사는 수출 시장 환경이 중요했지 수입품은 큰 위협이 되지 않았다. 반면에 전기로 철강사는 수입품 대응이 절실했다.

우리나라 경제 설계자들은 일찍이 철강산업의 중요성을 인식해 1968년 P사를 창립하고 전폭적인 지원을 했다. 세금과 이자 감면, 정부 보증, 전기 요금 할인 등 정부의 가용예산을 끌어모아 '싹쓸이 지원'을 했다.(『코리안 미러클』 99쪽) P사는 이에 대한 보답으로 품질 좋은 철강재를 값싸게 공급해 주었다. P사 신화가 만들어지고 그 결과 독점기업 P사의 논리가 철강산업의 논리가 되었다.

철강회사에 '고객'이란 용어가 사용된 것은 2010년 현대제철 당진제철소가 가동되면서부터다. 그전에는 '수요가'란 용어가 통용되었다. 그만큼 P사의 철강재 공급(배분)에 목말라하다 보니 업계의 통용되는 호칭이 고객이 아니라 수요가였다. 이렇다 보니 치열한 경쟁을 통한 산업의 가치사슬이 존재하는 게 아니라 기업에 종속되는 충성스러운 협력사만 존재하게 되었다. 경쟁적 가치사슬이 없다는 것은 평소 다른 생각을 하지 않게 되고, 상황 변화가 오면 대처를 못하게 된다. 고철을 녹여 철근 등 건축자재를 생산하는 전기로 철강사 7개 사는 고로 철강사와 가치사슬이 다르다.

이에 전기로 철강사들은 협회의 미온적 지원에 대응한 자구책을 강구해야 했다. 현대제철이 가장 큰 전기로 철강사인 관계로 내가 기획안을 만들었다. 7대 전기로 철강사 기획부장들과 협의를 통해 협회 내에 '보통강전기로협의회(보전협)'를 설립했다. 전기로 철강사의 가치사슬에서 중요한 것은 원료인 고철과 전기 요금이었다. P사는 주원료가 철광석과 석탄이고 전기는 자체 부생가스 발전으로 대부분을 충당하므로 고철과 전기 요금이 중요하지 않았다. 2003년 6월 보전협을 설립하고 첫 사무총장으로 파견을 나가 전기 요금과 고철 정책 관련 대정부 활동에 성과를 냈다. 경제단체와 연합해서 전기 요금 인상을 저지시키고 고철 수출 승인 제도를 도입해서 국내 고철 시장을 안정화시켰다.

그런데 고철 수출 승인제 도입을 계기로 협회의 임원들과 충돌이 발생했다. 협회의 상근 부회장은 늘 산업부 퇴직 관료가 내려왔다. 그러나 협회 창립 이래 회장은 P 사 회장이 겸직했고 상근 임원도 2인 모두 계속 P 사 출신이 낙하산으로 내려왔다. 고철 수출 승인제 도입을 추진하자 협회 임원이 결사적으로 반대했다. P 사 입장에선 수출에 제한을 두는 것은 바람직하지 않았다. 당시 P 사 수출량은 매출액의 25% 정도였지만 수출은 시황에 따른 탄력적 판매 전략이 중요했다. 협의 끝에 고철은 P 사에는 중요하지 않은 원료이므로 고철 수출 승인 제도를 6개월 동안 한시적으로 도입하는 것으로 결론 났다.

이 일을 계기로 더 이상 협회 상근 임원을 P 사 낙하산으로 둘 수는 없다고 판단했다. 2004년 3월 홍보팀장 임명으로 회사에 복귀했다가 10여 년이 더 지난 2016년 대외업무를 담당하면서 이 문제를 다시 추진했다. 먼저 국내 각 협회 사무국 임원 현황과 선임 방식을 조사했다. 그 결과 어느 한 협회도 한 회원사에서 설립 이래 회장과 상근 임원을 독차지하는

"사랑해요, 현대제철"

일본 JFE
조강생산량: 2990만t
철강업계 순위: 4위(세계)
특징: 세계 최고의 기술 수준을
자랑하는 일본 철강업계
2위 회사

현대제철

자료:
국제철강협회(IISI)

※조강생산량은 2005년 기준

독일 티센크룹
조강생산량: 1650만t
철강업계 순위: 11위(세계)
특징: 유럽 최대의 스테인리스
강 제조업체이자 철강
분야의 최고 기술기업

세계적 철강업체 獨티센크룹·日JFE, 전략적 제휴 위해 각축전

오는 2010년 준공을 목표로 충남 당진 일관제철소 건설에 착수한 **현대제철**을 향해 세계적인 업체들의 '러브콜'이 잇따르고 있다. 일관제철소의 각종 설비를 구축하는 데 2조원 이상이 들어가는 데다, 고로(高爐) 운영에 대한 기술자문 등으로 적잖은 수익을 올릴 수 있기 때문이다.

현대까지 현대제철의 기술 제휴선으로 유력하게 검토되고 있는 곳은 독일의 티센크룹과 일본의 JFE. 두 회사 모두 제철회사 설비제공, 생산기술 자문 분야의 경험이 풍부하다.

독일 티센크룹은 지난해 10월 당진 공장 착공식에 에크하르트 슐츠 티센크룹AG 회장이 직접 참석했고, 일본 JFE스틸 바다 하지메 사장도 이달 중순 한국을 방문, 박승하 사장 등 현대제철 경영진을 만나 포괄적 제휴 방안을 제시했다.

현대제철은 이에 대해 느긋한 표정이다. 현대제철 측은 "올해 말까지 시간이 충분한 만큼 신중하게 협력 파트너를 정하겠다"고 말했다.

◆**독일 티센크룹, 일본 JFE 각축전**=니혼게이자이신문은 29일자에서 일본 2위 철강업체인 JFE가 현대제철과 전략적 제휴를 맺고, 고급 강재 기술을 제공할 것이라고 보도했다.

이 신문은 "JFE는 현대가 건설 중인 일관제철소 사업에 참여하고, 자동차용 강판 등에 대한 고급 기술을 제공하며, 자본 제휴를 위해 상호 주식을 취득하는 방안을 놓고 양측이 협상을 시작했다"며 "올봄 협정 체결을 목표로 하고 있다"고 전했다. 이 신문은 또 "JFE는 현대제철과의 제휴를 통해 신일본제철에 대항할 것"이라고 보도했다.

설비 구축 2조 이상 투입
고로 운영 자문 수익도 기대

현대제철측은 "아직 미정"
장단점 따지며 느긋한 고민

이에 대해 현대제철은 "JFE가 협력 방안을 제시한 것은 사실이지만 검토되고 있는 여러 제안 중 하나"라며 "협력 파트너에 관한 문제는 전혀 확정된 것이 없다"고 말했다. 이 같은 보도는 일본 JFE 자신의 생각일 뿐 아직 내부적으로 결정된 것은 없다는 말이다.

철강업계 관계자도 "현대제철을 잡기 위한 경쟁에서 티센크룹이 상대적으로 앞서 가고

있는 데 대해 JFE가 다급해하는 것으로 보인다"며 "현대제철이 서두를 이유가 없다"고 말했다.

◆**현대제철의 고민**=당진 일관제철소에 설비와 기술자문을 제공할 업체를 놓고 현대제철은 지난해부터 고민을 거듭하고 있다.

현대차에 자동차용 강판을 주로 공급하게 될 현대제철로서는 기술 제휴선의 주력 시장이 중요한 판단 요소 중 하나다. 일본 JFE는 일본 자동차업체에 자동차용 강판을 공급하는 업체로 한국·중국·일본 등 아시아 시장에서 현대제철과 협력관계보다 경쟁관계에 놓일 가능성이 높은 것이 단점이다. 티센크룹은 유럽이 주력 시장으로 이런 문제에서 자유롭다.

반면 언어나 지리 측면에서는 JFE가 유리하다. 신속한 기술이전에 강점이 있다는 것이다. 티센크룹은 이 부분에서는 JFE에 비해 불리하다.

업계에서는 현대제철이 설비는 티센크룹, 기술자문과 전략적 제휴는 JFE와 맺을 수도 있을 것이라는 관측도 나온다. 현대제철 관계자는 이에 대해 "아직 양측과의 협의는 초기 단계"라며 "올 하반기까지 시간이 있는 만큼 천천히 검토해 결정할 것"이라고 말했다.

최유식기자 finder@chosun.com

일관제철소 건설을 추진하자 금융시장을 중심으로 현대제철은 원료, 자금, 기술이 없어서 사업 추진이 불가능할 것이라는 루머가 돌았다. 그러나 한 언론의 보도로 이러한 우려는 순식간에 사라졌다. 사진은 이를 보도한 당시 언론 기사.

협회가 없었다. 모든 협회의 상근 임원은 사무국 직원 중에서 선임했다. 심지어 전경련이나 경총 같은 경우는 협회 사무국 출신이 부회장까지 승진했다. 이러한 조사를 바탕으로 협회도 사무국 출신들이 임원으로 승진되도록 정관 개정을 추진했다.

연 1회 개최하는 협회 총회에서 논의한 결과 관련 컨설팅을 받아보고 정관 개정 여부를 논의하기로 했다. 이날 총회 논의에 대비해서 회사는 평소와 다르게 논리와 전투력을 겸비한 U 사장을 참석시켰다. 이후 컨설팅 결과 해석과 총회 안건 상정 여부를 두고 나는 P사 고위 임원과 두 차례에 걸친 '혈투'를 벌였다. 결과적으로 협회 두 임원 중 1인은 사무국 출신으로 하고 나머지 1인은 그 성과를 보고 다시 논의하는 것으로 결론이 났다.

내가 이러한 일을 10년 이상에 걸쳐 끝까지 추진하고 관철시킨 데는 크게 두 가지 이유가 있었다. 첫째는 어떤 조직이든 직원들에게 비전을 줘야 한다. 평생 근무를 해도 임원이 될 수 있는 기회조차 없는 조직의 직원이 그 조직의 미션수행에 헌신할 수 없다. 비전 없는 조직에서 일하는 것은 회원사에 대한 서비스 저하로 나타나고 그 피해도 회원사에 돌아간다. 조직은 '자기 진화가 잘 되는 조직이 최고의 조직'이고 경영자는 그렇게 되도록 여건을 만들어 줘야 한다. 둘째는 갈수록 복잡해지는 대내외 경영 여건에서 회원사를 대신해서 민감한 이슈를 다루는 협회 임원은 엄정 중립적인 자세를 가져야 하기 때문이었다. 민감한 시기에 민감한 주제를 다루는 임원이 자기 뒷배를 의식해서는 안 되기 때문이었다.

선발 회사와는 이런 인연이 누적된 상황에서 홍보팀장이 되었다. 철강 업계에는 나의 악명과 익명이 이미 널리 알려졌다. 홍보 오디세이 앞글에서 소개했듯이 하루하루가 전쟁이었다. 매주 월요일이 특히 힘들었다. 출입 기자나 이해관계자들이 선발 회사 임직원들과 주말에 골프를 치면서 취득한 정보로 다양한 취재가 들어오고 증권시장으로 루머가 들어가는 게 루틴이었다. 그러나 회사는 선발 회사를 자극하면 안 된다면서 무대응 지침을 내렸다. 일관제철소 기사는 회장님에게 다 보고가 되므로 경영진은 수구적으로 대응했다.

홍보 업무의 어려움 중 하나가 예방을 잘한 홍보는 생색이 안 난다는 점이다. 이런 경우 팀장은 담담할 뿐이지만 팀원들의 의욕은 반감된다. 반면에 나쁜 기사 하나는 홍보팀에 엄청난 질책으로 돌아왔다. 선발 회사의 후발 회사 '주저앉히기 홍보'는 지속적으로 전개되었다. 현대제철은 원료, 자금, 기술이 없다는 것이 주메뉴였다. 그중에서도 금융기관 쪽은 '기술'을 가장 큰 아킬레스건으로 봤다. 이에 대해 자금 담당 직원이 금융기관의 동향을 알려주면서 상의해 왔다.

회사의 무대응 지침이 있었지만 이제 홍보팀장으로서 승부를 걸어야 했다. 유력 언론사 출입 기자와 오찬을 하면서 독일 TKS와 일본 JFE와의 교섭 사실을 알려주었다. 다음날 그 기자는 아주 세련된 그래픽과 함께 세계적인 두 회사가 현대제철을 두고 구애하는 기사를 크게 다뤄주었다(2007년 1월). 현대제철에 대한 시중의 우려를 '한 방'에 날리는 기사였다. 그렇지만 회사의 지침을 위반한 것이라 마음을 졸이면서 경영진의 반응을 기다렸다. 오전이 지나가도록 반응이 없었다. 어느 정도 안심이 되었다. 이 시간까지 반응이 없다는 것은 회장실에서도 어떤 말씀이 없었다는 의미였다. 퇴근 무렵이 되자 그룹 내 여기저기서 축하 전화가 왔다.

홍보맨 15년 역사상 수많은 기자들로부터 격려를 받았고 감사했다. 그중에서도 이 기사는 가장 보람을 느낀 기사였고, '홍보의 힘=언론의 힘'을 보여주는 전형(典型)이었다. 이 기사를 계기로 나의 홍보활동이 회사(회장님)로부터 암묵적 인정을 받게 되었고, 그 이후 소신을 가지고 홍보활동을 할 수 있었다. 또한 경영진(회장님)도 홍보에 대한 인식이 바뀌기 시작했다. 이제는 알릴 것은 적극 알리자는 쪽으로 방향이 전환되었다. 이러한 분위기 반전을 계기로 회사는 선발 회사가 지속적으로 기자들에게 의문을 흘려 온 자금 문제에 대해서도 정면 돌파하게 되었다. 2007년 3월 경영진은 처음으로 기자단에게 회사의 일관제철소 준비 사항을 소상히 설명하는 기자간담회를 실시했다. 그 결과는 기대 이상이었다. 방송을 포함한 거의 모든 언론사에서 참석해 회사의 진정성을 평가해 주었다. 선발 회사는 더 이상 이런 문제로는 시비를 걸지 않았다. 이렇게 선발 회사의 후발 회사 주저앉히기는 극복이 되어갔다.

"당진제철소 건설 5兆, 100% 조달 자신"

현대제철 박승하 사장 "기존시설 활용… 유럽 기술 도입키로"

박승하 사장

"현대제철의 당진 일관제철소 건설 비용은 당초 5조2400억원이 소요될 것이며, 100% 현대제철이 독자적으로 조달할 수 있습니다."

박승하 현대제철 사장이 6일 취임 후 첫 기자간담회를 열어 안산 800만t 규모의 중대 당진 일관제철소 투자자금 조달 계획과 유럽 철소 도입방안 등에 대해 자세히 공개했다. 그동안 증시와 업계 일각에서는 당진제철소 실제 투자자금이 7조~8조원에 달할 것이라는 추측이 제기돼왔다. 박 사장은 현 대자동차 구매총괄부문장을 지내다 지난해 12월 현대제철 최고경영자(CEO)로 부임, 현대가의 숙원사업인 제철소 건설을 진두 지휘하고 있다.

그는 이날 간담회에서 "시중에서 신규 제철소 건설비용이 t당 1000달러 정도라는 첫 전제로 이런 비용을 추정을 하는 것으로 보인다"며 "그러나 당진제철소는 이미 가 동중인 공장 자리에 짓는 것이기 때문에 신규 투자비용은 5조원 정 도로 충분하다"고 말했다. 박 사장 은 또 "이미 완공된 3단계 신설비도 (高爐와 9개연공장에 1조2000억원이 들어갔다"며 "이런 기존 시설들을 그대로 활용할 수 있어 투자비가 크게 줄 것"이라고 덧붙였다. 현대제철 은 2004년 한보철강 당진공장을 인수했으며, 일관제철소는 이 공장 부 지 내에 건설되고 있다.

박 사장은 또 "전체 소요자금 중 2조5400억원은 6년간 현대제철 이 창출하는 수익만으로 조달되고, 나머지 2조6000억원은 내·외자를 빌려 조달할 것"이라며 "현대제철 이 해마다 5000억~6000억원의 영

업이익을 거두고 있어 자금 조달 에 전혀 문제가 없다"고 말했다.

이 자리에서 박 사장은 건설 도 입산과 공사 진행 상황도 밝혔다. 독일 티센크루프와 일본 JFE가 경합한 기술 도입선은 결국 유럽 쪽 기술 도입선으로 결론이 났 다. 고로(高爐 철광석과 석탄을 넣어 쇳물을 만드는 설비는 국제 경영 입찰을 통해 독섬부르그의 폴워스(Paul Wurth)社가 공 급하기로 했다.

박 사장은 유럽 기술을 택한 배 경에 대해 "유럽은 제철산업의 원조로 서 상당한 기술을 보유하고 있고 무엇보다 기술 공유에 대한 공감 대가 형성됐다"고 말했다. 일본과 의 기술 이전에 대해 일본 JFE 측이 다소 소극적이어서 "장 점이 있다"며 그러나 "정장 지분 교류 등의 제휴도 없지만 일 본 JFE와도 긴밀한 협력관계를 계 속 유지할 것"이라고 말했다.

가 될 것으로 전망했다. 또 철강 생산량은 현재의 1050만t에서 1850만t으로, 연간 매출액은 6조 원 전후에서 9조4000억원으로 각 각 증가할 것으로 예상했다.

박 사장은 이와 관련, "9조4000 억원의 매출을 보수적으로 잡은 것"이라며 "조기에 기술 경쟁력 있는 제품을 내놓는다면 현재·기 아차 등 계열사 수요를 중분히 감 당할 수 있을 것"이라고 말했다.

현대제철은 당진 일관제철소 고 로 2기(각 연산 400만t)가 모두 완 공되는 2012년부터 철강 생산능력 성패 상업생산이 들어가는 오는 2012년에는 세계 10위권 철강업체

최유식기자 finder@chosun.com

현대제철 일관제철소 투자 재원 조달 계획

		투자금액	사용기간 2006~2011년(6년)
전체 투자금액		5조2400억원	연간 5000억~6000억원 영업이익 비용으로 내부 조달
내부 창출		2조5400억원	*8원이익 : 2004년 6300억원 2005년 5070억원 2006년 5917억원
외부 차입	외자(外資)	1조4600억원	설비 공급 유럽업체의 국가가 제공하는 수출금융(ECA)
	내자(內資)	1조1400억원	연 4%대 금리에 이자 분할 상환 산업은행, 우리은행, 국민은행 등 대출지원의향서 확보 단기 5년 이상 장기간 대출

* 기존 투자의 외부차입 투자비로 채워 제외, 기존 투자는 이미 완공된 당진연광장 한번 동에 투입된 1조2000억원
외부차입 투자비로 신규공사 신·소공장 등 마무스·상블·설음 외부업체가 투자하는 부분으로 4500억원 전후.
(자료: 현대제철)

현대제철이 지금이 부족해서 일관제철소 건설이 우려된다는 시중의 여론에 회사는 7가지전망을 제시하며 CEO가 직접 설명했다. 사진은 당사 회사 사람들 모두한가지.

경쟁사를
제압하는 홍보⑤

조직을 운영하다 보면 전쟁을 지휘하는 위치에서는 다양한 전략을 구사할 수가 있다. 적을 감복시켜 굴복시킬 수도 있고, 스스로 항복하도록 만들 수도 있다. 비록 패배하더라도 후일을 위한 유리한 구도를 만들어 놓을 수도 있다. 그러나 최일선에서 전투를 치르는 상황에선 지형지물과 가용 전투 자원을 잘 활용해서 적을 물리쳐야 했다. 그것도 일선 지휘관 판단과 책임으로 적시에.

일관제철소가 성공적으로 건설되고 철강 생산도 안정화되어 갔지만 선발 회사의 후발 회사 힘 빼기는 계속되었다. 1단계의 진입 저지를 극복했고, 2단계의 주저앉히기도 극복했다. 이제 선발 회사 입장에서는 후발 회사의 기선을 제압하거나 스스로 순종하는 단계로 만들어야 했을 것이다. 홍보와 대관 안테나에는 선발 회사의 이러한 다양한 시도들이 감지되었다.

선발 회사 대비 열악한 홍보 인프라를 감안해서 특단의 전략이 필요했다. 이제는 기획실장직에서 일을 수행하다 보니 내부의 가용 자원이 많아졌다. 또한 직책상 홍보를 넘어 '경영전략 차원'에서 사안을 다루어야 했다. TFT를 구성해서 선발 회사의 경영 실패 사례 20가지를 정리했다. 언론에 보도되지 않은 것들이 많았고, 일부 보도가 된 것도 핵심은 알려지지 않은 것들이었다. 그러나 이를 공개해서 두 회사 간에 긴장이 고조되는 것은 경영진에서 원하는 바가 아니었다. 이슈가 될 경우 선발 회사의 사회적 이미지 손상은 물론 기존에 진행 중이던 사법적인 문제가 확대될 소지도 있었다. 또 그렇게 해서 우리가 입게 될 손실도 각오를 해야 했다. 밖으로 드러내지 않고 내부적으로 자제를 시키는 것이 좋겠다고 판단을 했다. 전쟁 중에는 가는 말이 험해야 오는 말이 곱다는 말이 있다. 이에 선발 회사 경영진과 교류가 잦은 철강 전문지 경영진을 찾아가 20가지 중 일부를 설명드렸다. 여차하면 내가 폭탄을 앉고 가겠다고 했다. 좀 비장하게 말씀을 드렸다. 이 일을 계기로 선발 회사가 좀 자제하는 것이 감지되었다.

그러던 중 2019년 어느 날 현대중공업과 대우조선해양(현 한화오션)의 합병 추진이 진행되었다. 이를 계기로 우리나라 기간산업도 구조조정이 필요하다는 여론이 생기기 시작했다. 외부의 극소수 요인들이 선발 회사와 현대제철과의 합병을 검토하고 있었다. 기본 구조는 현대제철을 선발 회사에 합병시키는 안이었다. 합병에 따른 공정거래 쟁점까지도 점검했을 정도로 검토가 진행되었다. 나는 어떤 계기로 그 작업에 초치(招致)돼서 자료를 검토하게 되었다. 두세 차례 미팅에서 합병이 실효성이 없다는 근거 자료를 만들어 알려주었다. 그런데 일을 성사시키고자 하는 입장에서는 아쉬워하는 모습이 보였다. 쐐기를 박을 필요가 있었다. 이에 한 직원과 극비로 작업을 했다.

현대제철은 특수 관계인 지분율은 높으나 자기주식 비율이 낮고, 선발 회사는 특수 관계인 지분율이 낮고 자기주식 비율이 높은 점에 착안했다. 지분율 구성이 현대제철은 특수 관계인(HMG) 36.0%, 자기주식 1.6%,

일반주주 62.4% 였다. 반면에 선발 회사는 특수 관계인 2.8%, 자기주식 8.1%, 일반주주 89.1% 였다. 상장회사 간 합병은 최근 주가를 기준으로 합병가액을 산정하게 된다. 당시 주가를 기준으로 검토한 결과 합병비율은 선발 회사 1주당 현대제철 신주 5.60876주가 되었다.(2019년 6월 말 기준)

합병 후 자기주식을 처분하지 않고 존속법인이 보유하는 경우(CASE1) HMG 지분이 7.7%, 선발 회사 2.2%, 국민연금 10.4%, 일본제철 2.6%, 자기주식 6.7%, 일반주주 70.4%가 되었다. 이 경우 HMG가 1대 주주가 되지만, 국민연금과 선발 회사와 전략적 제휴 관계인 일본제철이 연합할 경우 경영권 확보가 불가능했다.

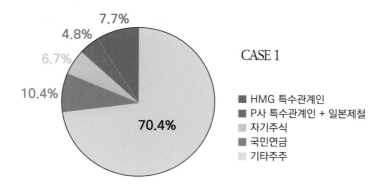

각 사가 경영권 확보를 위해 자기주식을 우호 세력에게 매각하는 경우(CASE2) 우호지분을 포함한 지분율은 HMG 8.1%, 선발 회사 11.2%(일본제철 2.6% 포함), 국민연금 10.4%로 선발 회사가 1대 주주가 되었다.

CASE 1,2 모두 불리하므로 HMG가 1대 주주가 되는 전략이 필요했

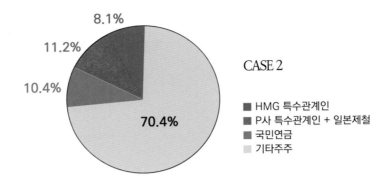

8.1%
11.2%
10.4%
70.4%

CASE 2

■ HMG 특수관계인
■ P사 특수관계인 + 일본제철
■ 국민연금
▨ 기타주주

다. 검토 결과 현대제철 주가(1)와 선발 회사의 주가 비율을 1:5.6에서 1:4로 하면 가능하다는 계산이 나왔다(CASE3). CASE3으로 할 경우 HMG 10.4%, 선발 회사 10.3%, 국민연금 10.2%가 되었다. 가능성이 보였다. 합병 추진 인사에게 이러한 검토 자료를 전달했다. 이 자료가 선발 회사에 전달이 되었는지는 확인하지 않았다. 다만 그 이후 선발 회사의 일련의 움직임이 특이했다.

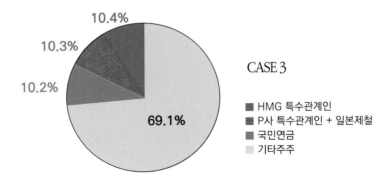

10.4%
10.3%
10.2%
69.1%

CASE 3

■ HMG 특수관계인
■ P사 특수관계인 + 일본제철
■ 국민연금
▨ 기타주주

2020년 4월 한 경제신문이 선발 회사의 자사주 1조 원 매입을 특종 보도했다. 기사에 의하면 재무통 출신인 이 회사 회장은 "주가가 지나치게 저평가돼 있다"라고 하면서 적극적인 대처를 주문했다. 당시 주가를 기준으로 1조 원의 주식은 전체 주식의 6.4%에 달해서 자기주식은 14.5%로 증가하게 된다.[1] 코로나19로 경영이 어려운 시기에 1조 원이라는 거금을 경쟁력 향상에 투자하지 않고 뜬금없이 경영권 보호에 활용하는 것이 상식적으로는 이해가 안 되었다. 회사 관계자는 "기업 미래에 대한 강한 자신감과 주가 회복 의지를 시장에 전달하기 위한 결정"이라고 했다. 행간의 뜻이 명확하게 읽혔다.

그런데 2021년 8월 검찰은 선발 회사를 압수수색했다. 참여연대 경제개혁센터 등 시민단체가 2021년 3월 선발 회사 임원 64명을 자본시장법 위반(미공개 중요 정보 이용행위 금지) 혐의로 서울중앙지검에 고발을 한 것에 따른 것이었다. 고발 배경은 2020년 4월 10일 이사회에서 자사주 매입 의결을 하기 전인 3월 12일 주식을 매입했다는 점이다.(연합뉴스 2021년 8월 13일)

또 하나 큰 변화는 지주회사 P 홀딩스가 출범했다.(2022년 3월 2일) 그리고 자회사 철강 P사는 상장을 하지 않는다고 정관에 반영했다. 철강 P사가 비상장인 관계로 앞으로 수소 환원 제철에 필요한 40조 원 이상의 막대한 투자 자금을 어떻게 조달할지 궁금하다.

모든 회사는 항상 비핵심사업 구조조정, 고부가제품 중심 포트폴리오 재편 등 중장기 사업 경쟁력 향상을 통한 본질적 기업가치 상승을 추진한다. 현대중공업과 대우조선해양의 합병은 무산되었지만 대한항공과 아시아나항공은 조건부 합병이 될 예정이다. 탄소중립 시대를 맞아 대한민국 철강산업 구도가 어떻게 변화될지는 각자 하기에 달렸다. 중요한 것은 각 사의 전략과 '국민 여론'이다. '홍보 전쟁'은 계속될 것이다.

> 제2차 세계대전에서 패전이 불가피하다고 판단한 일본은 패전 전략을 수립했다. 당시 일본은 국제 정세를 분석해 미·소 관계에 균열이 생기고 있음을 읽고 거기에서 전후 일본이 소생할 기회를 봤다. 그러기 위해서는 소련이 동아시아에 진입하여 미국의 단독 승리로 확정되지 않는 시점을 노려 일본이 전쟁을 끝내야 한다고 판단했다.(...) 일본의 항복 전략은 동아시아에서 미·소가 서로 경쟁하도록 하는 것이었다. (...) 사실상 소련에게 한반도 진입 기회를 제공하고 결과적으로 미·소가 한반도를 분할 점령하도록 유도하는 것이었다.(...) 일본군은 중국에 있던 1백만 명 규모의 병력을 소련 침공에 대항하기 위해 만주로 이동시키지 않았다. 소련은 일본의 이런 행태에 도리어 의아해했다. 김동기 『지정학의 힘』 230쪽

---

1) 2024년 7월 12일 P홀딩스는 자사주 525만주(6%, 1조 9천억원)을 소각하겠다고 발표했다. 또한 앞으로도 신규 취득한 자사주는 임직원 활용 외에 즉시 전량 소각하겠다고 밝혔다. (매일경제 2024년 7월 13일)

기업들 현금확보 비상인데 … 주가 방어에 1兆 베팅?

'재무통' 최정우 승부수 … "포스코 미래 확신"

〈포스코 회장〉

POSCO

포스코주가 (단위:원)

383,500
(2018년2월2일)

178,000
(4월 10일)

138,000
(2020년3월 23일)

450,000
250,000
50,000
2015년　2018　2020

글로벌 주요 철강사 영업이익률 (단위:%)

포스코(한국)	6.4
바오산철강(중국)	5.8
아르셀로미탈(유럽)	2.3
닛폰제철(일본)	1.2
US스틸(미국)	0.4

자료:금융정보업체 에프앤가이드

최정우
포스코 회장

포스코가 지난 10일 보유 현금의 약 30%에 해당하는 1조원을 자사주 매입에 투입한다고 전격 발표하자 전문가들 반응은 극명하게 엇갈렸다. '블룸버그터미널' 자사주 매입 규모에 주주들은 "재무통 최정우 회장의 과감한 베팅"이라고 환호했다. 반면 신종 코로나바이러스 감염증(코로나19) 여파로 시계 제로(0)에 빠진 글로벌 경영 환경을 감안하면 위험한 결정이라는 우려도 동시에 나왔다.

◆'철강우위'의 돌파 전략

포스코의 자사주 매입에는 최정우의 경영 스타일이 그대로 담겨 있다. 포스코의 이사회 첫 재무통 출신 수장인 최 회장은 입원신약 이때마다 주가 관리를 긴요해 왔다. 직접 기업설명회(IR)팀을 찾아 "포스코 주가가 지나치게 저평가돼 있다"며 직접 대책을 주문했다.

포스코 주가는 지난 3월 23일 올 들어 최저치인 13만8000원까지 떨어졌다. 2004년 6월 23일 이후 16년 만에 최저치다. 주가순자산비율(PBR: 주가/주당순자산)도 0.27배로 사상 최저치였다. 더 이상 지켜볼 수 없다고 판단한 최 회장은 대규모 자사주 매입을 추진했다.

경영진의 자신감도 반영됐다. 지난 미국과 중국의 무역분쟁으로 철강산업이 어려운을 겪었지만 포스코 영업이익률은 6.4%로 세계 최고 수준이었다. 아르셀로미탈(2.3%, US스틸(0.4%), 닛폰제철(1.2%) 등 경쟁사를 앞도했다. 포스코 관계자는 "철강 사업이 회복되면 경영상도 보다 한해 앞서 반등할 수 있다는 자신감을 나타낸 것"이라고 말했다.

늘어난 것도, 거액을 배당할 수 있는 배경이 됐다. 포스코의 현금 및 현금성 자산 규모는 지난말 기준 3조5545억원으로, 1년 전에 비해 8710억원 늘었다. 비슷한 시기 유동자산을 매각한 결과다. 포스코는 2000년과 2005년에도 자사주 매입에는 '철강 우위' 중단

1분기 영업적 '1조 행진' 중단
1분기도 실적 화부 어려워
코로나 장기화땐 부담 보수도

로, 1년 전에 비해 8710억원 늘었다. 비슷한 시기 유동자산을 매각한 결과다. 포스코는 2000년과 2005년에도 자사주 매입에 나섰다. 자사주 매입을 각각 두었다.

◆"시장에 자신감 전달"

올 1분기 유가증권시장과 코스닥시장에 서 자사주 취득을 공시한 상장사는 358 개에 달했다. 코스닥9 코스피자수가 1400선까지 급락하자 기업들의 주가 방

"포스코 주가 지나치게 저평가"

영업이익률 6.4% 세계 최고
현금 자산 3.5兆 단해 누두
경영진 주가 반등 자신감도

어를 위해 많은 업체들이 움직인 것이다. 하지만 포스코도 1조원이라는 지금 규모로 다른 회사들을 놀라게 했다. 1조원으로 취 득할 수 있는 자본이 지난 10일 종가 기준 (17만8000원)으로 전체 주식의 6.4%에 달한다. 보유 중인 7070만194주(8.1%)를 더하면 발행 주식 수 대비 14.5%의 자기 주식을 보유하게 된다.

포스코가 당장 1조원어치의 자사주를 매입할 필요는 없다. 장점 취득 방식이 아니라 신탁계약을 통해 취득하기 때문이다. 신탁 계약 기간도 13일부터 내년 4월 12일까지나다. 매일 시가와 거래량에 따라 포스코가 시장 상황에 따라 탄력적으로 경영할 수 있다는 설명이다. 회사 관계자는 "코로나19 종식으로 주가가 과도하게 하락했다"며 "기업 미래에 대한 경영진 시각과 주가 회복 의지를 시장에 전달하기 위한 결정이었다"고 설명했다.

◆"실적 실적도 불안하다"

포스코의 '통 큰 결정'에 대해 우려하는 시각도 없다. 포스코의 재무 상황이 안정적이라고 하나 코로나19 사태에 따라고 여파까지 급격해져 기업들의 주가 방어

탄을 아껴야 한다는 지적이다. 미래수기 업은 핵심 자산까지 팔아치우며 현금 확보에 나서고 있다.

포스코 실적도 불안을 키운다. 포스코 는 작년 4분기 영업이익이 5576억원으로 1조원대 분기 영업이익 행진이 10개 분기 만에 멈췄다. 증권정보업체 에프앤가이드에 따르면 올 1분기 포스코의 영업이익 컨센서스(증권사 추정치 평균)는 6764억원으로, 전년 대비 43.8% 줄어들 것으로 추정된다.

변동이 NH투자증권 연구원은 "이번 경영주 취득이라도 하는 것은 경제 장치가 될 것이지만도 '수요악'과 경기 참체 시 영찰 환경 이후는 어떻게 될지 몹 수없다고 밝혔다. 경제 중의 장기화되면 대규모 자 기주식의 부담으로 작용할 수 있다는 분석이다. 또 다른 철강업계 관계자는 "포스코가 성비 투자를 늘리거나 기업 인수합병(M&A)에 나서기에는 힘겨운 계 입환이 좋지 않다"며 "포스코도 재원 활용 방안을 고민하다가 자사주 매입을 결정했을 것이다"고 말했다.

최정우 기자 beboo@hankyung.com

혁신 이룬 포스코 흑자 행진, 경쟁력 없는 한전 적자 수렁

김경식
고철연구소장

1960년대 비슷한 시기에 공기업으로 출발한 두 기업이 반세기가 지난 지금은 경영 성과가 완전히 대비되는 회사로 변했다. 한국전력과 포스코다. 이 두 회사는 우리나라의 경제 규모가 세계 10위로 성장하는 데 초석을 놓은 곳이다. 두 회사가 없었다면 산업화와 민주화를 모두 달성하기 쉽지 않았을 것이다. 그런데 반세기 이후 사상 최대 실적을 이어가고 있는 한편, 다른 한 곳은 최악의 경영 성과를 기록 중이다. 이 두 회사는 어쩌다 이렇게 된 걸까.

1960년대 정부는 정부 주도의 경제발전 전략을 채택하고 제한조세와 금융수단을 통해 주요 산업 활동에 직접적으로 참여했다. 전력산업의 경우 해방후 남북에 남아 있던 3개사(경성전기)가 남선전기·조선전업을 통합해 1961년 7월 한국전력주식회사(한전)로 출범시켰다. 포스코의 경우 1960년대 초반 준비기를 거쳐 1968년 정부의 민영화 준비에 따라 포스코가 국민주 1호(1988년 6월), 한전이 국민주 2호(1989년 8월)로 상장됐다. 2000년 IMF 외환위기를 계기로 포스코는 완전 민영화(2000년 10월)됐고, 한전은 발전부문을 6개사로 분할해 이들을 자회사화 했다(2001년 4월).

구(motivation)다. 포스코는 전 세계 철강사와 치열한 경쟁을 하다 보니 혁신하지 않으면 살아남을 수가 없는 구조다. 따라서 매년 IR 행사 때마다 신제품 개발이나 원가절감을 강조한다. 반면 한전은 판매단가 신정 시 총괄원가주의를 채택하고 있다. 이는 전기를 생산, 판매하는 데 들어간 모든 비용에 붙여(원가에 적정이윤까지 포함해 원가를 더한다. 따라서 내부적으로 비용을 절감할 우인 동기가 없다. 전기요금 인상 발표 시 연료비 등 비용 증가가 핵심 소송이라, 원가절감 노력 같은 것을 설명할 필요도 없고 내부적으로 이를 유인하는 메커니즘도 없다.

마지막 차이점은 최고경영자(CEO)다. 포스코는 창사 이래 단 한 번을 제외하곤 모두 자사 출신이 CEO를 역임했다. 반면 한전은 거의 모두 정부에서 나 하는으로 임명되고 있다. 이 같은 건 차이가 지금의 경영성과로 이어진 것이다.

그런데, 중요한 건 이 두 회사가 2030년 온실가스 감축목표(NDC)와 2050 탄소중립(탄소배출 제로)의 대표 주자라는 점이다. 포스코는 지금까지 그래왔듯이 탄소 배출을 획기적으로 줄일 수 있는 수소환원제철 기술 개발에 적극 나서고 있다. 그러나 2050 탄소중립은 물론 우리나라 모든 신업의 경쟁력, 모든 사람의 삶의 질에 큰 영향을 마치는 한전은 앞서 설명한 다섯 가지 구조상 자기 진화가 거의 불가능하다. 따라서 포스코의 수소환원제철도 한전의 전력원(源)의 수소환원제철도 한전의 전력원도 중요하다.

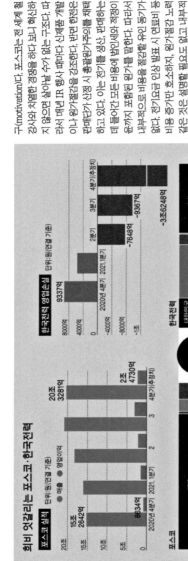

획비 엇갈리는 포스코·한국전력

포스코 실적 단위:兆(연결 기준) ●매출 ●영업이익

- 20조
- 15조 2642억
- 15조
- 10조
- 8634억
- 5조
- 2조 4730억
- 20조 3281억
- 2020년 4분기 / 2021년 1분기 / 2 / 3 / 4분기(추정치)

한국전력 영업손실 단위:원(연결 기준)

- 9337억
- 8000억 / 4000억 / 0 / −4000억 / −8000억 / −1조
- 2020년 4분기 / 2021년 1분기 / 2분기 / 3분기 / 4분기(추정치)
- −7648억 / −9367억 / −3조6248억

자료:각 사·에프앤가이드

포스코 자본구조 단위:% ※2021년 9월 말 기준
- 기타 81.54
- 우리사주조합 1.41
- 씨티은행 7.3
- 국민연금 9.75

한국전력 자본구조 단위:% ※2021년 9월 말 기준
- 대한민국 정부 18.2
- KDB산업은행 32.9
- 기타 41.89
- 국민연금 6.42
- 우리사주조합 0.59

한국전력 부채비율 및 역대 연봉자 수
※2021년 6월 기준 (임직원 수는 2만2840명)

- 역대 연봉자(명): 1567, 1752, 2395, 2972
- 부채비율(%): 91.0, 98.7, 113.4, 112.1, 122.5
- 2017년 / 2018 / 2019 / 2020 / 2021년 6월

자료:국민의힘 이주환 의원실·한국전력

두 기업, 80년대 민영화 후 극과 극

이러한 과정을 거친 두 회사의 경영 성적은 큰 차이를 보이고 있다. 포스코는 지난해 추정 이익이 9조3500억원(연결기준)으로 창사 이래 '최대 이익'이 예상되지만, 한전은 발전 자회사 포함 약 4조 3000억원의 '최대 적자'가 예상된다. 물론 공기업의 존재 목적이 있기에 수익성 하나로 한전을 폄하해서는 안 되지만, 상장사인 관계로 재무상태는 중요하다. 왜 이런 결과가 초래되었을까? '포스코는 시황이 좋았고 한전은 전기요금 인상을 못해서 그렇다'고 간단하게 치부해버리면 미래를 위한 대책을 세울 수가 없다. 시황은 과거에도 좋았던 적이 있었고 전기요금 인상을 못하는 것도 그만한 구조적 요인이 있기 때문이다. 두 회사가 가진 차이점을 분석해 대책의 줄기에 활용할 필요가 있다.

첫째는 시장의 특성에 있다. 포스코는 치열한 경쟁에 노출돼 있다. 철강 제품의 수출입이 자유롭다 보니 전 세계 시장을 상대로 경쟁을 해야 한다. 특히 2010년부터 즉, 현대제철 당진제철소 가동으로 국내에 경쟁사가 등장한 이후에는 경쟁이 더 치열해졌다. 포스코는 이러한 위기를 기회로 활용하기 위해 노력한 결과 세계적 철강 평가 기관인 WSD(World Steel Dynamics)에서 2010년부터 지난해까지 12년 연속 '세계 최고의 경쟁력 있는 회사'로 인정받았다. 반면 한전은 전력시장에서 독점적 지위를 누리고 있다. 전기는 수입도 안 된다.

둘째는 상품의 특성이다. 포스코는 국내외 다양한 고객으로부터 다양한

포스코, 역대급 순이익

치열한 경쟁, 다양한 고객 요구 대비

연구개발에 매진, 신제품 속속 선봬

한전, 사상 최대 적자

독점 지위 누리며 안주해 진화 못해

낙하산 CEO들, 경영 혁신에 소홀

품질과 규격의 상품을 요청받고 있다. 고객의 요구 조건은 점점 더 까다로워지고 있다. 50년이 넘는 연구개발 성과가 누적되면서 매년 특허 건수가 늘어나고 있다. 이는 매년 고객·상품별 품질과 가격이 다양해진다는 것을 의미한다. 반면 한전의 상품인 전기는 전기일 뿐이다. 정전 예방과 일정한 전압관리만 하면 된다. 즉, 모든 고객에게 제공하는 상품의 차별화 요인이 없다.

셋째는 소비자 구조에 있다. 포스코의 소비자는 모두 '중간 소비자'다. 포스코가 만든 소재(상품)를 구입해 가공한 후 자동차·선박·기계를 만든다. 한전의 소비자는 다양하다. 모든 산업과 모든 국민이 필요로 하고, 어디에나 항상 있어야 하는 게 한전의 상품인 전기다. 그렇다 보니 전기요금을 책정하는 고객 그룹도 다양하다. 산업용(기업), 일반용(빌딩·상가), 주택용(개인), 교육용, 농사용, 심지어 가로등용까지. 또 계절별로, 시간대별로도 다르다. 고객은 대기업부터 개별 소비자까지 다양한데 상품의 차별화 요인이 없다 보니 다양한 이해관계자들의 민원이 발생하게 된다. 그 결과 '전기요금'은 '정치요금'이 되었고 '전기세(稅)'라는 표현까지 나오고 있다.

또 하나 중요한 차이점은 혁신의 욕

부조리 제거, 품질 향상, 지주사 전환 … 포스코 혁신 밑거름

포스코가 완전 민영화된 2000년 10월 이후의 과정은 철저한 몸부림(Self Evolution)이었다. 다른 회사의 벤치마킹을 고려해 대표적인 몇 가지를 소개하면 이렇다. 우선 PI(Process Innovation)가 있다. 광양제철소 완공(1999)으로 '1사 2제철소' 체제가 되자 고객 만족에 초점을 둔 강력한 업무 재설계를 추진했다. 이 과정에서 놀라운 것은 이러한 시스템을 활용해 포스코에 기생하던 각종 부조리를 해소했던 것이다.

두 번째는 파이넥스(FINEX) 공법 추진이다. 쇳물을 생산할 때 용광로에는 가루 형태의 철광석과 석탄을 덩어리로 만들어 투입해야 하는데, 파이넥스 공법은 별도의 가공 공정을 거치지 않고 가루 형태의 철광석과 일반 석탄을 이용해 쇳물을 만드는 것이다. 용광로 내부 연소에 공기 대신 산소를 사용해 기존 공법보다 황산화물(SOx)·질소산화물(NOx)을 대폭 줄일 수 있는 공법이었다. 문제는 경제성이 부족했다는 점이다. 그럼에도 포스코는 이를 과감히 상용화했다. 유럽에서 시작돼 산업혁명의 기폭제가 된 '200년 쇳물'의 역사를 다시 쓴 것이다. 이 공법은 최근 2050 탄소중립(탄소 배출 제로) 달성의 궁극적 목표인 수소환원제철로 가는 중간 단계 공법으로 다시 주목을 받고 있다.

또 다른 한 가지는 지주사 전환이다. '철강을 넘어 전기차, 2차전지 소재, 수소 등 친환경 사업 선도 기업으로 발돋움해야 한다'고 선언한 뒤 포스코는 지주사(포스코 홀딩스)를 설립하고 기존 포스코 등은 물적분할해 자회사로 배치하겠다고 발표했다. 물론 이러한 발표에 대해 시장에서는 '자회사 포스코를 비상장으로 두겠다고 하는데 50조원 이상 소요되는 수소환원제철 투자 자금은 어떻게 조달할 것인가', '안전·보건·환경, 비정규직 보호 등 ESG 경영이 후퇴하는 게 아닌가' 하는 우려가 있는 것이 사실이다. 하지만 이러한 우려에도 불구하고 포스코의 스스로 진화하려는 노력은 평가 받을 만한 일이다.

반면 한전은 걱정이다. 현 전력산업 구조에서는 CEO가 할 수 있는 것이 없다. 2분기부터는 연료비 인상분을 반영해 킬로와트시(kwh)당 9.8원을 인상한다고 발표했지만, 그렇다고 적자가 해소되는 게 아니다. 지난 20년간 산업용 전기요금은 80% 이상 인상했고 일반용 전기요금도 지속적으로 인상해 원가회수율이 100%를 넘어섰다. 이 문제를 바로잡으려면 적자로 판매하고 있는 주택·농사·심야용을 올려야 한다. 하지만 전기요금은 이미 '정치요금'으로 변질돼 한전 CEO의 손을 벗어나 있다.

한전, 포스코 성공 타산지석 삼아야

이렇게 중요한 전력산업을 지금과 같은 상태로 둘 수는 없다. 그렇다고 전력산업의 중요성을 생각할 때 포스코와 같은 완전 민영화도 쉽지는 않다. 차선책으로 포스코의 성공 사례를 타산지석 삼아 다양한 상품을 판매하는 시장이 형성되도록 해야 한다. 기저발전과 송전은 지금처럼 한전이 독점해 공적인 역할을 하고, 배전 이하 부문은 전력시장을 개방해 소매경쟁체제를 도입하는 것이다. 내부 원가절감을 유인하는 시스템도 도입해야 한다. 재생에너지 공급 확대, 천문학적인 자금이 필요한 전력 수요 유연성 자원개발도 시장 참여자들이 담당하도록 해야 한다. 소매경쟁을 통해 다양한 옵션의 상품을 개발하고 소비자들에게도 선택의 기회를 주어야 한다.

국가 안보 및 기간산업의 대표 격인 한국통신을 민영화시키고(1994년), 신규 사업자를 개방해 오늘날 우리나라의 이동통신 산업은 세계를 리딩하는 수준이 됐다. 이러한 기술력이 앞으로 경쟁적 전력시장과 융합돼 4차 산업혁명의 기반이 되고, 신산업을 일으키는 계기가 되도록 제도를 설계하고 확실하게 추진해야 한다. 이렇게 해야만 정부 정책의 목표(분산전력·탄소중립·에너지 효율성 향상)도 달성할 수 있다.

김경식 현대제철 전 기획실장, 제2차 에너지 기본계획 수립위원(2013), 국가기후환경회의 전문위원(2020)을 역임했다. 경제와 생태의 공존에 대한 해법을 모색하고 있다.

조락하는 철강 포스코, 떠나는 외국인 주주

김경식 이세계 대표 · 〈착한 자본의 반격〉 저자 ESG

국민기업 포스코홀딩스(홀딩스) 주식 외국인 지분율이 반도체 시장에도, 외국인 분율 통계가 집계된 2006년 2월 이후 2022년 3월2일 홀딩스 출범까지 외국인 지분율은 69%와 53% 사이를 늘 유지해왔다. 그러다 홀딩스 출범하고나니 지난 2023년 3월부터 급격히 낮아지다가 지금은 27% 수준에 머물고 있다. 그동안 역대 포스코 출범을 위한 임시주총2022년 1월28일 고점에서 두 1분5일 최 회점은 주주총회에서 "연결 배당성향 30% 수준을 유지할 것"이라고 했다. 임시 주시

이러한 노래에도 불구하고 최근까지 급격한 감소는 무엇을 의미하는가. 일부 투자자는 홀딩스 출범 후 주식가격이 주당 30만 원대에서 7만원대까지 급락한 데 따른 차 이 열에만 한 요인이지 실상 전자, 현 차, 기아, SK이노베이션 등 대부분의 전 기업들의 주가도 동반 하락했다. 외국인 인지분율이 눈여겼다. 특히 LG에너지솔 루션 사업을 지원시키G와 별도로 분할 상장 한 예를로 주가가 주당 105만원에서 48만 원으로 반도 낮아진 외국인 자본금은 44%에서 43%로 큰 변화가 없다. 글로벌 시대에 글로벌 기업이 외국인 자본금이 급격히 낮아진다는 것은 그 기업에 대한 외국 투자자들의 신뢰가 낮아졌다는 유의 한 와기 신호다.

ESG 관점에서 시장 신뢰 얻어

홀딩스에서는 왜 이런 일이 앞어났을 가. 많은 요인들이 있겠지만 ESG 관점에 서 분석해 볼 필요가 있다.

우선 거버넌스(G) 관점에서 제기되는 문제는 이사회와 최장우 회장 사이의 다. 홀딩스 출범을 위한 임시주총2022년 1월28일 고점에서 두 1분5일 최 회점은 주주총회에서 "연결 배당성향 30% 수준을 유지할 것"이라고 했다. 임시 주시 주주사회에서 실시했다. 회사 또한 구체적 방안은 제시 를 못했다.

인과경영S) 측면도 시장이 우려는 심 각하다. 2022년 6월, 20대 여성이 사내 성 폭력을 당했다고 고소했다. 고소인에 성 희롱 남녀 4명이 3한 동안이나 같은 성폭 력과 주행성을 했다. 이에 대해 당시 주주를 으 회장이 조속한 사과를 기다렸다. 했 지만, 2주나 지난 후에 포스코 부회장이 사과를 발표했다. 종래에는 포함 너무 나 심각하다. 지난 6년간 포함·광양 제철 소와 포스코인터내셔널에서 끊어나 중 대재해사고가 노동 의심해 볼 정도다. 그러나 이러한 인권경영과 산기경영에 대한 반성과 대책이 2022년 전 윤리경영 기의 에는 ESG 보고서에서 보이질 않는다.

홀딩스 출범과 포스코가 철강 기업에서

2차전지(미래 소재) 사업으로 분화 업체 전환되는 신이어있었다. 최장우 2022년 주 주시30여 "그룹의 미래 성장을 관망할 이 어렸어야 2026년부터 이야후 좋을결정 다"고 했다. 이날 발표는 현재 소재 사업 이 이어이 이 나고 있고 앞으로도 이어야 인 네 철강에서 반 들을 재로 소재 사업 여 투임권했다는 뜻으로도 해석했다. 외 이 투자들의 주시 때도는 그 이후 급속도 로 거슬렀다.

탄소중립 시대, 철강산업은 국가 간에 치열한 경쟁을 하고 있고, 그리고 그 경쟁 의 핵심은 양질의 재생에너지(그린수소 확보에 달렸다. 수원전철E이 8천간 853조로, 미국도8천간450조량탄소중 립 프로젝트에 차벌하고 있다. 일본도 수 소암모니아로량을 일본철강의30조량지원 을 체결했다고 있다. 이에 반해 한국은 2030 년까지 차로소·친환경 철강에 철강 270억 수소환원제철 R&D에 향후 3년간 270억 원 지원이 불과하다. 국가지원제철에 뒤 면 지금도 63조원으로 추산되고 있다.

2차전지 사업도 중요하지만 포스코 이 너 코킹 사업은 수소환원제철 지도 철강 을 포스코만이 포스코그룹만이 주시 철강산업의 중요성을 제안에게 한다. 그러다 경영에 효율 대본부림하기 이면 그러다 소 글로벌 경쟁 환경에 화경제 시장에 신뢰가 소 글로벌 경쟁 환경에 화경제 외국인 신뢰가 없어야국인 투자자가 붙어야 할 것이다.

사진설명 1 (중앙일보 2022년 1월 8일 토요일)

2022년 1월 28일 포스코홀딩스 출범 임시 주주총회를 앞두고 필자는 포스코의 성공스토리를 소개했다. 이 칼럼은 경제개혁연대의 홀딩스 출범에 대한 반대 성명 발표 이후 게재되었는데 당시 포스코 대표이사(J)는 필자에게 감사 인사를 전해왔다.

사진설명 2 (경향신문 2024년 1월 12일 금요일)

국민기업 포스코의 외국인 지분률이 급격히 하락함에 따라 많은 주주들이 그 배경을 궁금해 했다. 이에 필자가 ESG 관점에서 그 배경을 분석한 칼럼이다.

중대재해 위기
극복

2019년 2월 20일 오후 5시 20분, 당진제철소에서 중대재해가 발생했다. 일관제철소 건설 및 초기 운영 과정에서 중대재해가 많았지만, 이번 사고는 시의성이 남달랐다. 바로 두 달 전 한국서부발전 태안화력발전소에서 일하던 김용균씨의 사망으로 이슈화되었던 '비정규직'의 사망이 겨우 수습된 직후였다. 김 씨는 갓 입사한 비정규직이었고 어두컴컴한 컨베이어벨트에서 변을 당했다. 당진제철소 사고 당사자도 입사 1년 차 비정규직이었고 어두컴컴한 컨베이어벨트 사고였다.

당시 회사는 제철소 건설 때부터 경영을 진두지휘해 온 부회장과 사장이 2018년 말 퇴임을 하고 새로 K 부회장(CEO)이 부임했다. 사장은 P사 출신으로 사고 2일 전 부임했다. 즉 회사를 잘 모르는 분들이 경영을 시작하자마자 중대재해가 발생한 것이다. 나는 직책상(기획본부장) 사고 상황을 파악하고, 대책을 보고하고, 수명 사항을 처리해야 했다. 특히 새로 부임한 CEO는 기획본부장을 중심으로 회사 경영을 지휘하는 분이라 책임이 더 막중했다.

퇴근하던 홍보팀 직원들은 사고 인지 즉시 회사로 복귀하고 대책에 들어갔다. 먼저 임직원 명의의 사과문을 작성해서 보고를 드리고 언론에 알렸다. 그리고 다음 날 새벽 4시에 CEO를 모시고 당진제철소 사고 현장에 갔다.

The Honorable Mr. ▓▓▓▓▓▓

The Embassy of Socialist Republic of Vietnam to Korea

123 Bukchon-ro, Jongno-gu, Seoul, Korea 110-230

February 22, 2019

Dear Honorable Ambassador ▓▓▓▓▓▓

My name is ▓▓▓▓▓▓ I am the CEO and Vice Chairman of Hyundai Steel.

First of all, I would like to appreciate your continued efforts aimed at enhancing relations between the Socialist Republic of Vietnam and the Republic of Korea.

I write this with a heavy heart and to explain a situation that involved a Vietnamese citizen presently residing in Korea, ▓▓▓▓▓▓ She is currently suffering from her husband's sudden death which recently occurred at one of our manufacturing sites.

I want to first express my sincere condolences to ▓▓▓▓▓▓ and the members of her family. Hyundai Steel will support her to get through this unexpected loss.

Hyundai Steel feels very regretful about this tragic event and will make certain we do everything that is necessary to manage the situation.

Once again, I extend my deepest condolences for this devastating and profound loss. I hope we can meet sometime in the near future and send you best wishes for your good health and happiness.

Sincerely yours,

▓▓▓▓▓▓

CEO & Vice Chairman of Hyundai Steel

현대제철 부회장이 주한 베트남 대사에게 보낸 위로 서신.

현장 파악 후 1차 비상 회의를 소집했다. 이 자리에서 CEO는

　1) 가족을 잃고 고통과 슬픔에 빠진 유가족을 위해 물심양
　　면으로 지원할 것

　2) 현장 보존을 잘 하고 조사받는 동안 수사기관에 적극적
　　으로 협조하고 투명하고 성실하게 조사받을 것

　3) 이번 사고로 컨베이어벨트 5개 라인 모두 가동이 중단
　　되므로 물류 흐름 이상에 따른 또 다른 사고 예방을 철
　　저히 할 것을 지시했다.

이틀 뒤인 2월 22일에 열린 2차 비상회의에서 CEO는 "오늘 중으로 유가족과 보상에 합의하라"는 지시를 내렸다. 이에 담당 임원이 "무리하게 보상금을 많이 주고 합의하면 선례가 될 수 있다"라며 곤혹스러운 모습을 보이자 단호하게 질책했다. "사고가 또 나길 바라느냐?!"라며.

산업 현장에서 중대재해가 발생하면 보상금 문제로 장례를 제때 못 치르는 경우가 많다. 이런 경우 유가족들은 슬픔에 더해 회사 측을 원망하게 된다. 이러한 사례가 중대재해 수습의 루틴처럼 되어 있었으나, 이날 CEO의 단호한 지시는 새로운 선례를 남겼다. 다행히 지시한 그날 보상안이 유가족과 합의되어 무난히 장례를 치르게 되었다.

그리고 같은 날 CEO는 나를 불러 "주한 베트남 대사님께 드리는 위

로 서신을 작성해서 전해드리라"는 지시를 내렸다. 미망인이 베트남 여인이었지만, 너무 뜬금없는 지시에 내가 의아해하니 "곧 하노이에서 북미 정상회담이 열리는데 혹시라도 이번 사고가 나쁜 영향을 주면 안 된다"라고 설명해 주었다. 설명을 듣고 더 놀랐다. CEO는 정몽구 회장님을 10여 년 이상 최측근에서 모신 분이었다. 오너 회장을 오랫동안 모신 경험을 통해 오감이 본능적으로 작동하는 듯했다. "사고가 또 나길 바라느냐"라는 질책도 그러했지만 사태를 분석하고 대처하는 예리함에 놀랐다. 당시 베트남 하노이 북미 제2차 정상회담은 2019년 2월 27일부터 28일까지 예정되어 있었다.

서신을 작성해서 주한 베트남 대사관 상무관을 만나 설명을 드렸다. 그리고 혹시 대사님의 말씀이 있으면 알려달라고 했다. 그런데 서신을 받는 상무관도 좀 의아해했고, 그 이후 대사님의 말씀을 물어봤으나 특별한 답변이 없었다. 그렇지만 사고 여파를 걱정하는 CEO의 고민의 끝은 어디까지인지, 많은 배움이 되었다.

장례를 치르고 나서 CEO는 또 세세히 지시했다. "미망인에게 사내 변호사와 통역사를 전담시켜 한국의 법률을 잘 설명드리고 깔끔하게 정리되도록 도와드려라." 당시 미망인은 결혼 1년 차였는데 한국말을 못 해 혼자 집 안에서만 지내고 있었다. 한국 사회도 모르고 어디에 도움을 요청할 줄도 모르는 상황이었다. 그런 와중에 고인의 한국인 유가족들과의 보상금 배분 문제를 걱정하고 있을 미망인을 위한 배려였다. 후일 미망인은 회사에 감사의 마음을 전해왔다.

　유가족과의 문제가 정리되자 이번에는 본격적으로 사고 예방을 위한 대책 수립에 들어갔다. 그동안 많은 중대재해가 있었고 대책 또한 수없이 실행했다. 그 결과 사고가 많이 줄었지만 보다 근본적인 대책이 필요했다. CEO는 국내 최대 로펌의 경제 연구소장(K)을 소개해 주면서 찾아뵙고 자문을 구하라고 했다. 만나 뵈니 정말 대단한 혜안을 가진 분이었다. 수차례 미팅을 통해 많은 인사이트를 얻고 구체적인 대책도 지도받았다. 사내 엘리트들로 TFT를 구성하고 '종합 안전 개선 대책' 수립에 착수했다. 그리고 대책 중의 하나로 추진한 것이 '안전환경보건자문회의'였다.

　자문단은 기술과 정책 두 파트로 구성했다. 안전·환경·보건 분야의 국내 최고 현장 전문가 8분으로 기술 자문단을 구성하고 현장 중심의 진단과 대책을 수립·실행에 들어갔다. 정책 자문단 구성이 어려웠다. 자문위원의 인적 구성이 중요했다. 누가 보더라도 회사의 절박성과 진정성이 읽히는 분들을 모셔야 했다. TFT는 논의 끝에 안전(한국안전학회장 김두현 충북대 교수), 보건(구정완 가톨릭의대 교수), 노무(박종길 노동부 전 실장), 산업(김준동 대한상의 전 부회장) 분야에서 각 1분, 환경(전의찬 세종대 교수, 조홍식 서울대 로스쿨 교수), 법조(정동민 전 검사장, 정연순 전 민변회장), 언론(정영무 전 한겨레신문 사장, 김균미 서울신문 젠더연구소

진짜 사장님의 진솔한 사과가 중대재해를 예방한다

김경식 이세계 대표 ESG
ESG네트워크 대표·《착한 자본의 탄생》 저자

2014년 2월17일 밤 9시11분. 경주시에 있는 코오롱그룹 마우나오션리조트의 강당 지붕이 폭설로 무너졌다. 이 사고로 신입생 오리엔테이션에 참석 중이던 부산외국어대학교 학생 10명이 사망하고 당시 기 204명이 발생했다. 부상을 당한 한 학생은 8년간37만원의 합의금을 받았다.

당시 서울에서 사고 보고를 받던 이응열 회장은 은퇴를 번복해 돌아와 사죄하며 "내가 관리를 못했다. 사망자에 대해 책임을 통감한다"고 했다.

우리나라 중대재해율은 2016년 기준, 사망자율(사고사망자수/산재보험가입 종사 수×1만명) 0.58로 0.4%p 떨어진 드에마 삼성했고 이 비율은 OECD 평균에 절반 수준으로 떨어져 있다.

2020년 기준 재조업은 1.27%, 조선업은 2.92%보다 높아 아직도 높아지는 것이 고용노동부의 목표다.

그러나 산업현장 경험에 의하면 중대재해 예방이란 가장 큰 걸림돌은 실질적 책임자의 책임의식 결여와 현장 관리·비정규직의 안전교육과 설비에 대한 투자 부족이다.

2022년 1월50인 이상 사업장부터 중대재해 처벌법이 시행되고, 같은 해 11월부터 '중대재해 감축 로드맵'을 발표했다. 예상은 중대재해 감축 정책의 패러다임을 '규제와 처벌' 중심에서 '예방과 자율' 중심으로 바꾸겠다는 것이다. 다시 말해서 사고 34명이 예방되었다. 사고 사건 10사에 이루어 졌다.

우측의 어림을 하는 자기규율 예방체계 기반으로 하는 자기규율 예방체계는 기업이 스스로 위험요인을 파악하고 개선 대책을 마련해 이행토록 하는 것이 핵심이다. 그러나 문제는 자기규율 예방이란 것이 전혀 작동하지 않는다는 이런한 사이의 거리가 너무 멀다. 정부가 중대재해 발생이 다시 증가하고 있다.

장) 분야에서 각 2분 등 총 10명으로 구성했다. 사계의 명망 있는 분들이었지만 다행히 회사의 자문 위촉을 수락해 주셨다. 직접 찾아뵙고 취지를 말씀드리니 회사 임직원 못지않게 걱정을 해주셨다.

2019년 4월경, 자문 위원 위촉은 마무리되었으나 위원장을 어떤 분으로 모시느냐가 관건이었다. 많은 논의 끝에 진보적인 법조인으로 이름이 알려진 법무법인 지평의 김지형 전 대법관을 모시는 것으로 의견이 모아졌다. 평소 김 전 대법관과 친분이 있는 H 신문의 P, K 기자에게 의견을 구했다. 이들은 "수락을 해줄지, 또 한다면 회사가 수용하기 어려운 어떤 조건을 요구할지 모르겠다"라고 했다. 이런 분을 위원장으로 모셔야 한다고 결심했지만, 고민이 깊어지자 한 중역이 자신의 박사논문 지도교수를 추천했다. 그분은 K 대학교 L 전 총장이었다. 제자의 건의를 받은 L 총장은 흔쾌히 승낙하면서 위원장 내정자의 진보적 의견을 잘 조화시키는 역할을 해주겠다고 했다.

그러나 당시 김 전 대법관은 김용균씨의 사망 원인과 석탄화력발전소의 노동실태를 담은 국무총리실 산하 특별노동안전조사위(특조위)의 위원장을 맡고 있어서 특조위 조사가 마무리되는 9월 이후에 위촉이 가능했다. 또 L 전 총장은 8월에 정부 산하기관의 책임자로 가게 되어 정식 위촉은 하지 못했다. 자문 위원회는 5월에 발족해서 9월까지는 부위원장 중심으로 운영했다.

많은 회사들이 경영 위기를 당하면 자문 위원회를 운영한다. 삼성이 2020년 1월부터 준법 감시위원회를 운영하고 있고, 최근에는 카카오 등 몇몇 회사가 운영하고 있다. 경험에 의하면 위원회의 성패는 위원 인선에서 결정이 난다. 현대제철이 안전환경보건자문회의 위원을 위촉했을 때 위원 모두 그 분야에서 인품과 능력을 인정받는 명망가들이었다. 회사의 진정성이 읽히게 됨에 따라 사회의 시선도 바뀌게 된다. 특히 '어떤 이면 조건을 요구할지도 모른다'는 우려에도 불구하고 모신 위원장은 한 치의 다른 요구도 없었고 적극적으로 자문 회의를 이끌었다. 중대재해의 한 요인인 현장의 정규직·비정규직 간의 소통 단절 해소에 필요하다면 본인께서 기꺼이 나서주겠다고도 했다.

위원회 운영 결과 회사의 중대재해는 대폭 줄었고 무사고 기간도 오랫동안 지속되었다. 명망 있는 위원을 위촉하면 회사 내부의 분위기도 바뀌게 된다. 우선 매월 회의 준비를 철저히 하게 된다. 이 과정에서 중대재해 발생 요인과 예방에 대해 새로운 시각으로 현장을 보고 대책을 수립하게 된다. 또한 평소에는 예산이나 사내 부서 간 사일로 현상 등의 이유로 테이블 위에 올려놓지 못하는 의제도 과감히 발굴해서 논의하게 된다. 이러한 논의는 그 자체가 현장에 강한 메시지를 준다. 효과는 이러한 요인들이 중첩되면서 나타났다. 중대재해 위기 수습을 위해 구성한 TFT의 대책(안)과 자문 위원 인선을 원안대로 시행되도록 지원해 주신 CEO께 다시

금 감사를 드린다.

나는 2020년 말에 퇴직하고 ESG 관련 연구를 하고 있다. 중대재해 예방은 ESG 경영의 핵심 과제다. 중대재해가 많이 발생하는 회사의 공통점이 하나 있다. 바로 오너 경영인이 진정한 사과를 '즉시' 안 한다는 점이다. 국회에 호출되고 수사기관이 나서면 마지못해 사과 '광고문'을 낸다. 이러한 사과와 광고는 오히려 역효과만 난다. 오너의 즉각적이고 진솔한 사과가 조직을 움직여 사고를 예방한다.

공장·일자리가 '죽은 당진' 되살렸다

'외환위기 10년' 당진 10년' 현장 르포

10년 새 당진군 인구는…

(단위·명) 자료:당진군

1997년 12만5300
1999 12만4900
2001 11만740
2003 12만800
2006 12만2000
2006 12만7700

▶ 관계기사 4, 5면

"잇-". 서해안 당진의 현대제철 공장옆 쇳물소리가 귀청을 울린다. 공장 한쪽에선 자동차용 강관이 산더미처럼 쌓이고 있었다. 공장은 24시간 돌고, 직원들은 의욕에 넘쳤다. 10년 전 폐허나 다름없었던 한보철강의 모습은 온데간데없었다.

당진읍도 변했다. 좀보던 무성했던 야산 자리에 고층 아파트가 들어섰다. 사방으로 연결된 4차로에 차량 행렬이 줄을 이었다. 횟집 앞에선 당진 항구 좀을 이었다. 횟집 앞에선 당진 항구 좀을 이었다.

는 수만t짜리 대형 선박이 드나드는 산업항으로 발바꿈했다.

꼭 10년 전 오늘(1997년 1월 23일). 당진에 체불음을 잘던 한보철강이 쓰러졌다. 부채 규모 7조여원, 당시로선 사상 최대의 부도였다. 한보철강의 부도는 그해 연말 한국 경제가 국제통화기금(IMF) 관리체제로 굴려떨어지는 외환위기의 서막이었다. 한보철강의 부도 이후 지역 기업들이 있따라 쓰러지고 상가가 줄줄이 문을 닫으면서 당진은 하나 둘 멈춰 갔다.

"한보철강이 무너지자 당진 경제도 완전히 근무넉정했지요. 몸을 담은 상

가들이 증발했고 재래시장 곳곳이 죽었습니다. 하지만 이젠 몇 년 만에 오는 사람이 당진군청을 찾지 못해 헤맬 정도로 바뀌었습니다." (민종기 당진군수)

몇 년 전만 해도 지단 만 한보철강의 공장 곳곳엔 녹이 두껍게 슬어 있었다. 당진 경제도 그랬다. 흉물스럽게 변한 한보철강을 완전히 다른 경제로 바꿔놓은 게 현대제철이다. 한보철강의 모습은 온데간데없어 나타나지 않았다. 한보철강 인부를 받아낸 현대제철이 한보철강을 인수한 것은 2004년 10월. 마침내 현대제철이 한보철강을 인수했다. 당진에 새 바람이 불어왔다. 공장은 공장을 돌렸다. 하루

지가 돌아 났고, 협력업체들이 내려오면서 지역 동공단지들도 가득 찼다. 당진 지도가 변화가 시작됐다.

당진이 지난 10년은 한국 경제가 허리 띠 발분으로 나아가야 할지 잘 보여준다. 기업의 흥망에 따른 지역 경제의 성쇠(盛衰)가 생생하게 드러난 것이다.

지금 당진에선 한보철강이 부도로 쓰러졌던 과거의 모습을 찾아보기 힘들다. 5년 연속 증가만 했던 인구도 다시 늘고 있다. 현재 11만7000여 명까지 떨어졌던 당진군 인구는 지난해말 12만7000여 명으로 당진군 인구는 지난해말 12만7000여 명으로 늘었다. 10년 전 수준을 회복했다. 사람이 늘면서 상가도 활기를 되찾았다.

서울 못지않은 고급 음식게가 생겼고, 대형 가전제품 매장도 성업 중이다. "읍내에서 만나는 사람마다 표정이 밝아졌어요. 몇 년 전만 해도 만나는 사람마다 '빨래에서 먹고 사느냐'고 걱정했는데, 그때가 언제였나 싶네요." (김상하·44·횟집 운영)

한동안 죽었던 당진에 부활의 노래가 가득하다. 주민들은 새로운 희망에 차 있다. 많은 당진 사람들이 "IMF를 다 극복했다"고 이을 모은다. 공장과 일자리, 당진을 되살린 두 가지다.

당진=이상렬 기자
isang@joongang.co.kr

쇳물 흐르는 2007년

공장 멈춘 1997년

1997년 한보철강 부도로 짓다 만 B지구 공장들이 폐허처럼 방치돼 있다. (중앙포토) 이 공장들은 2004년 현대제철이 인수한 뒤 정상화됐다. 1월 22일 B지구 열연공장에서 직원들이 열연강판을 만들어내고 있다.

후기

진정한 언론·언론인이
희망이다

진정한 언론·언론인이 희망이다

2007년 1월 23일, 최고 품격을 자랑하는 종합지 J 일보 1면에 「'외환 위기 10년 당진 10년' 현장 르포, 공장·일자리가 '죽은 당진' 되살렸다」는 톱(TOP) 기사가 실렸다. 이어서 4면에는 한보철강 시절과 현재를 비교하는 세 사람의 인터뷰, 5면에는 현대제철 인수 후 달라진 당진 지역 경제 모습이 소개되었다. 종합지에 한 기업과 그에 따른 활기찬 지역 경제 모습이 1면 톱과 전면 2개 면에 소개된 것은 매우 이례적인 보도다.

그 며칠 전, J 일보 L 기자의 현장 취재 협조 요청을 받고 걱정을 많이 했다. 불과 3개월 전인 2006년 10월 27일 노무현 대통령이 참석한 당진제철소 기공식을 계기로 언론 보도가 우호적으로 조금 변했다. 그렇지만 경쟁사의 흠집 정보 흘리기와 문제를 찾아서 이슈화시키는 언론의 본성은 여전했다. 그러니 종합지 베테랑 기자가 현장 르포를 가겠다는 것에 긴장하지 않을 수 없었다. 홍보인들은 트라우마가 있다. 회사에 아무리 좋은 기사라도 그 기사 속의 어느 한 줄, 단어 하나가 상사의 심기를 불편하게 하면 그것은 나쁜 기사이기 때문이다. 그도 그럴 것이 언론인들은 기사의 어느 한구석에는 반드시 자신의 존재 흔적을 남기는 직업병이 있다.

경향신문

2008년 12월 25일

현대제철이 철강업체로서는 처음 도입한 돔형 원료처리시설이 당진제철소 건설현장에 모습을 드러내고 있다. 이 돔형 시설은 석탄 가루 등이 날리는 문제를 원천 차단해 준다.

현대 당진제철소 완공땐 7만명 고용창출

관련기업 유치 지역경제 활성
고용·투자 두마리 토끼 잡아

현대제철의 당진 일관제철소 건설이 고용창출은 물론 지역경제에도 활력을 불어넣고 있다. 건설현장에는 하루 8000명 이상이 비지땀을 흘리고 있으며 관련 기업들도 속속 들어서고 있다.

공장이 완공된 뒤에는 직·간접 고용창출 효과만 7만8000여명에 이를 전망이다.

현대제철은 25일 "당진의 일관제철 건립에 투입되는 일일 건설인력이 연간 기준으로 올해 8000명을 넘었고 새해에는 1만명을 넘을 것"이라고 밝혔다.

현대제철 일관제철소는 충남 당진군 송산면 소재 740만㎡(224만평)의 부지에 연간 400만 t 조강 생산능력의 고로 2기를 갖추고 2010년부터 열연강판 650만 t과 조선용 후판 150만 t을 생산할 예정이다.

2006년 10월 기공식 이후 6년간 5조8400억원에 이르는 대규모 투자가 진행 중이다. 최근 고로 1호기의 본체를 구성하는 10단 철피 설치공사가 마무리되면서 웅장

한 제철소의 윤곽이 드러나고 있다.

올해 사업이 본격화되면서 건설현장에 투입되는 일일 건설인력은 8600명을 넘었다. 내년에는 1만6600여명이 공사현장에 투입된다고 현대제철은 밝혔다. 부지 조성공사가 시작된 지난해부터 고로 2기 건설공사가 완전 마무리되는 2011년 3월까지 연인원 약 700만명의 건설인력이 투입되는 셈이다.

연세대 도시교통과학연구소에 따르면 연산 800만 t 규모의 당진제철소가 완공되면 직접 고용효과가 4500명, 제철소 운영에 따른 직·간접 고용창출효과는 7만8000여명에 이를 것으로 예측된다.

제철소 건립으로 당진 지역경제도 활력을 얻고 있다. 당진군에 따르면 2004년 59개에 불과했던 유치 기업체

수가 2005년 107개, 2006년 105개, 2007년 270개, 올해 160개로 크게 늘었다.

특히 철강관련 업체만 150여개가 당해 현대제철의 일관제철소 건설이 이 지역의 기업 유치에 많은 영향을 끼친 것으로 보인다. 당진은 현대제철을 비롯해 현대하이스코, 동부제철, 동국제강, 환영철강, 휴스틸 등 대형 철강업체 6개가 들어서 새로운 철강산업 벨트로 도약 중이다.

2010년 말까지 드는 콘크리트의 총량은 228만5000㎡로 콘크리트 구입비용만 1000억여원에 이른다. 회사측은 2400가구 규모의 아파트 300여동을 지을 수 있는 양이라고 설명한다.

현재 현대제철 일관제철소 건설현장의 종합공정은 47% 수준이다.

핵심 설비인 고로공장은 현재 42.1%의 공정을 보이고 있다. 개별 공장의 설비 설치가 본격화되는 내년에는 시운전도 한다.

현대제철 관계자는 "최근 청년 실업률의 증가와 고용 불안이 확산되는 상황에서 현대제철의 고용창출 효과는 당진지역을 넘어 국가경제 활성화에도 일조할 것"이라고 말했다.

전병역기자 junby@kyunghyang.com

현대제철 당진제철소 인력투입 현황·전망

완공시점 기준 총투입 인원	2007년	2008년	2009년	2010년
693만5600	39만9000	260만4000	318만8000	74만4600
월 평균	6만6500	21만7000	26만5700	6만2900
일 평균	2660	8680	1만628	2518

(단위: 명, 자료: 현대제철)

그런데 당일 취재 지원을 다녀온 직원이 전하는 말에 나는 둔기로 머리를 맞은 듯했다. 정확히 르포 보도 10년 전인 1997년 1월 23일 한보철강이 쓰러졌다. 한보철강의 부도는 1997년 말 IMF 외환위기로 가는 서막이었다. L 기자는 당시 재정경제원 출입 기자였는데 IMF 외환위기를 사전에 경고하지 못한 것이 '기자로서 회한(悔恨)'으로 남아있었다고 했다. 그러한 한보철강을 현대제철이 인수해서 10년 만에 상전벽해로 변화시킨 희망의 현장을 소개하고 싶었다는 것이다.

나는 그때까지 3년여 홍보를 하면서 언론인에 대한 경외(敬畏)심이 있었다. 일종의 역(逆) 화수분 같은 심정이었다. 그러나 L 기자 같은 언론인이 있다는 사실에 우리 사회의 희망을 보는 것 같았다. 어린 시절 책에서 본 '기자는 민중의 목탁'이라는 표현이 생각났다. 당시 같이 고생한 후배들에 의하면 이때를 계기로 나의 언론사·언론인 관이 많이 바뀌었다고 한다. 긍정·희망·자신감의 모습이 많아지기 시작했다고 한다. L 기자의 회사 내부 설득력도 훌륭했지만 종합지 3면의 지면을 할애해 준 언론사도 대단한 결정이었다. 지난번에 소개한 현대제철 최고의 홍보 전형이었던 '사랑해요 현대제철'이라는 기사가 나오도록 C 기자에게 내부정보를 알려준 것도 이 르포 기사를 통해 인식하게 된 언론인에 대한 믿음이 있었기에 가능했다.

1단짜리 기사 하나가 세상을 바꾸는 기폭제가 되듯이 언론인의 사명과 언론사의 영향력은 참으로 막중하다. 1997년 IMF외환위기극복을 책임진 이헌재 금융감독위원장은 "홍보로 승부한다"라고 전략을 세우고 본인이 홍보와 관련된 디테일을 직접 챙겼다.(160쪽 참조) 모든 정책은 사전에 언론을 통해 파장을 파악하고 다듬어서 발표했다. 한마디로 '소통'의 힘이다. 홍보 수단을 통해 전파가 아니라 '전달'이 되어 경제주체들이 긍정적인 방향으로 움직이게 했다. 홍보는 그만큼 중요하고 영향력이 있다.

나는 정몽구 회장이 일관제철소를 건설하기 위해 당진의 한보철강을 인수하는 것을 계기로 홍보 업무를 시작했다. 오늘날 현대제철은 세계적인 회사로 성장했고 고로 철강 경쟁 시대를 열어 자동차, 조선, 가전, 기계산업 등 고객에게 우수한 철강 제품을 제공하고 있다. K 제조업 르네상스의 밑바탕을 받치고 있다. 홍보인으로서 이 과정의 한구석에 있었다는 것은 큰 영광이다.

그렇지만 선발 회사의 후발 회사 견제는 집요했다. 처음에는 진입을 저지했고, 진입하니 이제는 스스로 주저앉도록 했다. 이 모든 과정을 예상하고 시작한 홍보였지만 오늘날 세계적인 회사로 성장한 것은 언론인의 도움이 컸다. 대부분 언론이 이제 대한민국에도 '철강 경쟁 시대'가 필요하다고 인식하고 지원을 해주었다. 그러한 지원은 금융시장에도, 원료 조달 시장에도, 제품 판매시장에도, 정부와 정치권에도, 시민사회에도 우호적인 여론을 조성해 주었다.

언론으로부터 받은 또 다른 형태의 도움도 잊을 수 없다. 제철 사업은 고소, 고열, 고압력, 고중량 등 중대재해 요인이 많은 사업이다. 사업 초기 안전을 위한 회사의 부주의에 대해 언론의 혹독한 비판을 받았다. 아주 아팠지만, 덕분에 좀 더 빨리, 좀 더 좋은 회사로 거듭날 수 있었다. 제철 사업은 지역 경제에 크게 기여하지만, 주민들에게는 불편을 주는 요소들이 있다. 이러한 지역 주민들의 불편에 대한 언론의 보도는 회사를 더 친환경적으로, 더 지역 친화적으로 변하게 하는 데 큰 도움이 되었다. 채찍의 아픔만큼 더 좋은 회사가 될 수 있었음에 진심으로 감사드린다.

2008년 세계적인 금융위기를 맞아 국내외 많은 기업들이 투자를 취소하고 사업을 축소할 때 정몽구 회장은 당진제철소의 경제적 효과를 적극적으로 홍보하라고 지시했다. 2008년 한 해에 철강 출입 기자단 전원을 네 번이나 당진제철소 건설 현장에 초청했다. 마지막 초청은 크리스마스이브 때였다. '하루 건설 인력 1만 명... 현대제철판 뉴딜', '건설인력 총 700만 명 소요', '완공 땐 7만 8천 명 고용효과', '한국 철강 대역사... 투자+고용 두 토끼'. 이날 제철소 건설 현장을 취재한 언론의 제목들이다. 정몽구 회장은 "국민들에게 희망을 주는 기업이 되어야 한다"라고 강조했다. 정 회장의 이러한 현장 지휘는 12월 26일 자 모든 신문의 지면을 장식했다. 국민들에게 드리는 크리스마스 선물이 되었다. 그리고 한 신문은 정몽구 회장의 이러한 집념을 담담하게 소개해 주었다. 이 기사는 '고독한 리더'에게 큰 힘이 되었다고 한다. 거듭 감사를 드린다.

현대家 30년 숙원 눈앞… 설레는 長子

서울 양재동 현대·기아차 사옥에서는 요즘 부쩍 헬기 이착륙 장면을 자주 볼 수 있다. 충남 당진 현대제철 일관제철소 건설 현장으로 향하는 정몽구〈사진〉현대·기아차 회장이 탄 헬기이다.

정 회장은 최근 2~3달 사이 1주일에 1~2번꼴로 당진으로 출장을 가고 있다. 그 전에 월 1~2회 가던 데서 주기가 더욱 짧아졌다.

주중이나 주말 아예 당진 제철소 건설 현장에서 1박2일로 머무르는 경우도 있다. 공장 안에 있는 현대제철연구소 숙소에서 자고, 이 건물 1층 구내식당에서 식사를 해결하며 현장을 점검한다. 이른 아침 홀로 기아차의 SUV 모하비를 몰고 740만㎡(224만평)의 제철소 곳곳을 돌아보는 정 회장을 목격한 직원도 있다고 한다.

정 회장이 이처럼 제철소 건설에 공을 들이는 것은 현대가(家)의 30년 숙원 사업인 제철소 완공이 목전에 다가와 있기 때문이다. 지난해까지 허허벌판이었던 제철소 부지에는 올들어 주요 시설의 건물이 속속 들어서고 있다. 50m 높이의 고로가 우뚝 솟았고, 돔형과 선(船)형의 대형 원료저장 시설도 모습을 드러내고 있다. 그동안 도상으로 그려온 제철소의 모습이 현실로 나타나고 있는 것.

전체 생산량의 절반인 연산 400만t 규모의 1기 고로는 내년 10월 건물 준공을 거쳐 2010년 4월부터 상업 생산에 들어간다. 최종 완공은 2013년이다. 현대기아차그룹 관계자는 "고 정주영 현대 명예회장은 1977년 제철소 설립 계획을 발표한 후 여러 차례 제철 사업 진출을 시도했지만, 정부의 반대로 꿈을 이루지 못했다"며 "장자(長子)인 정몽구 회장이 그 꿈을 이루고 있다"고 말했다.

정 회장의 당진행이 잦아지면서 현대제철 당진공장은 늘 비상 대기 상태이다. 박승하 부회장을 비롯한 현대제철 최고 경영진은 월요일을 제외하고는 주말도 없이 당진에 머무르고 있다. 정 회장이 직접 공사 현장을 챙기면서 현재 전체 공정률도 예상보다 6%나 빠른 47%를 기록하고 있다.

최유식 기자 finder@chosun.com

홍보는 자기가 속한 조직을 '사회의 가치 지향에 맞게 조율해 가는 과정이다. 사회의 가치 지향을 자기 조직에 소개해서 내재화시키고, 조직의 활동은 사회의 가치 지향에 맞추도록 노력해야 한다. 그러한 노력의 진정성을 언론인들은 평가해 준다. 기업의 그러한 행동이 모여서 '좋은 회사가 좋은 사회를 만든다.' 이것이 홍보의 미션이다. 홍보인의 자부심은 이러한 실천을 통해 자기 조직을 사회의 긍정 바이러스 집단으로 만드는 데서 나온다.

정몽구 회장이 이용하던 헬기. 정 회장은 제철소 건설 초기에는 주 1~2회, 본격적인 건설이 진행될 때는 주 4~5회 이용했다.

에필로그
좋은 기업이 좋은 사회를 만든다.

2019년 5월 18일, 나는 정몽구 회장님이 애용하시던 헬기를 타고 당진 제철소를 다녀왔다. 외국 VIP를 모시고 양재동에서 이륙한 헬기는 20분 만에 충남 당진제철소에 착륙했다. 제철소 공사가 한창 진행되던 2010년 전후에 회장님은 주 5일 당진제철소로 출근을 했다. 양재동 사무실 옥상에서는 늘 헬기 이착륙 소리가 들렸다. 2004년 한보철강 인수 추진부터 시작된 회장님의 일관제철소에 대한 집념과 추진 과정은 가슴 뭉클한 장편 드라마였다. 2008년 금융위기로 온 국민이 나라를 걱정할 때는 오히려 투자를 더 독려하면서 당진제철소의 경제적 효과를 널리 홍보하라고 지시하셨다. 헬기를 타고 지난 15년간 이 항로를 수없이 다니면서 고뇌하셨을 '오너 회장님'의 모습을 기록으로 남기고 싶었다.

나는 운이 좋아 오너 회장님들을 한 발 뒤에서 모실 수 있는 기회를 가졌다. 2010년, 내가 다니던 강원산업이 현대제철에 합병되기 전 6년 간은 강원산업 창업자 정인욱 명예회장님실에서 근무를 했다. 이때 나는 창업 회장님의 철학, 국가관, 경제관을 배울 수 있었다. 명예회장님은 1957년 강원도 태백 탄광촌에 4백68호에 달하는 노동자들의 이상향(理想鄉)을 건설했다. 광부들 사택에서 피아노 소리가 나는 이상촌이었다. 1960년 12월 '사상계(思想界)' 잡지가 이를 보도했다. 이 기사가 나간 후 평양방송은 "강

원탄광 주인인 정인욱 사장은 매우 양심적인 자본가"라는 대남 방송을 했다.(『선각자 정인욱』 170쪽)

명예회장실에서 담당이사(J)의 지시를 받아 내가 수행한 대표적인 업무는 강원산업 계열사인 삼표산업 석산 골재 생산원가 합리화였다. 이때 명예회장님의 말씀은 이후 '기업이란 무엇인가?', 라는 물음표를 늘 나에게 붙게 했다. "기업이 이익을 내려면 우리 같은 독과점 기업은 판매가격 인상이 가장 쉬운 방법이다. 그러나 이는 물가를 인상시켜 국민들이 피해를 보게 되고 기업도 체질이 약화된다. 그러나 극한의 원가절감을 통해 이익을 창출하면 물가 안정에도 도움이 되고, 무엇보다 기업의 체질을 강화시켜 위기 대처 능력을 높여준다. 그래서 원가절감이 중요하다."이때 나는 상사(K이사)를 도와 석산 골재 생산원가를 '30% 절감'했다. 이 공로로 대리 8개월 만에 과장으로 특진을 했다. 불행히도 이 석산은 2022년 1월 29일 3명의 노동자가 매몰되어 사망한 중대재해처벌법 1호 사업장이 되었다. 원가절감 뿐만 아니라 시장 분석, 경쟁사 전략, 마케팅 전략, 재무 전략, 인사 전략 등 이때 배운 다양한 경영전략은 2000년 3월 현대제철과 합병 후 주도적으로 실행하는 기회를 갖게 되었다. 그 결과 2000년 0.4%에 불과했던 경상이익율이 2004년에는 13.5%로 급증하는데 나름대로 기여 할 수 있었다. 이러한 고수익 실현은 현대차그룹이 한보철강을 인수해 그 자리에 일관제철소를 추진할 수 있는 자신감을 갖게 했다. 결과는 그렇게 되었고 실제로 투자자금 12조원의 절반은 내부 자금으로 조달할 수 있었다. 그룹계열사의 출자는 없었다.

2004년부터는 홍보업무를 하면서 정몽구 회장님의 국가관, 기업관은 물론 경영철학을 배울 수 있었다. 회장님은 CEO를 비롯한 소수의 고위 임원들이 보좌했지만, 기자들 덕분에 나의 뇌·눈·귀는 늘 회장님의 동정에 맞추고 살았다. 그러한 생활이 이어 지면서 어느 순간부터 나는 회사, 회장님, 임원진의 생각의 차이를 알 수 있었다. 그렇게 해서 임원진 보다 회장님, 회장님 보다 회사, 회사 보다 사회적 가치를 우선순위에 두게 되었다. 사회적 가치를 존중하면 회사가 잘 되고 이는 회장님, 임원진 모두가 좋게 된다는 것이 내가 가진 생각이었다.

그러한 확신이 들면서 주도적으로 홍보업무를 하기 시작했다. 회사에서 반대하고 어떤 이는 나의 사상(?)을 의심했지만 진보적 시민단체와도 교류를 지속했다. 이분들의 도움으로 사보『푸른연금술사』를 새로 기획하고 명망있는 외부 필진을 딱딱한 철강 회사와 연을 맺도록 할 수 있었다. 20년째 이어지고 있는 사보는 지금도 기업 사보의 독보적인 전형으로 평가를 받고 있다. 철이 가진 친환경·자원순환을 주제로 한 홍보영화는 회사의 과감한 투자를 받아내어 컨셉, 출연진, 음악, 시나리오가 잘 조화된 기념비적인 작품이 되도록 했다. 홍보영화는 2005년 THE NEW YORK FESTIVALS WORLD MEDAL을 수상했다. 현대차그룹 10년사에서 "세계 최초의 자원순환형 그룹으로 새롭게 도약" 한다는 선언도 이 홍보영화와 사보의 컨셉에서 시작됐다.

제철소 건설 초창기 경영진에서는 경쟁사를 자극하지 않는 조용한 홍보를 주문했지만, 경쟁사의 루머 전파에 금융시장이 동요하는 기미가 보일 때는 적기(適期)라고 판단하고 현대제철의 장점을 과감하게 제보하고 기사화 했다(조선일보 2007년 1월 30일 참조). 부장이었지만 일부 임원들의 내부 정보 유출을 문제화 시키고, 직속 상사(전무)의 의도적 기강 잡기 지시는 끝내 받아들이지 않았다.

그룹에는 대화를 시작할 때마다 "회장님 말씀하시기를..." 하면서 정몽구 회장님과의 친분을 빙자하여 계열사 CEO와 고위 임원에게 군림하는 모(某) 회장이 있었다. 이분과 추종 임원들이 사적 이익을 취하기 위해 10년에 걸쳐 3번이나 사보 편집권을 뺏아가려고 했지만 결사적으로 저항해서 막았다. 이 과정에서 암묵적 방패가 되어 준 상사분들께 감사한 마음을 잊을 수 없다.

그룹 광고 회사인 I 사는 대주주가 회장님의 장녀였지만 부적절한 용역 대금 청구에 1년이나 따져서 정산을 했다. 이 회사가 초창기였기에 그런 일이 있었지만, 그래서 나는 더 엄격하게 대응했다. 지금 세계적인 광고 회사로 성장한 이 회사에도 결코 누가 되지 않았다고 생각한다.

그룹의 한 계열사 사장은 VIP의 사촌 이라는 명분으로 틈만나면 'VIP 말씀'이라 운운하면서 현대제철의 일부 사업 이관을 요구했다. 언론 플레이까지 하면서 분위기를 잡았지만 이 또한 끝까지 반대했다. 그것은 VIP를 위해서도 현대제철과 그 회사를 위해서도 좋지 않다는 확신 때문이었다. 그때 그 사업(Steel Pipe)을 사촌과 그룹 몇 임원들의 요구에 굴복해서 넘겼다면 지금쯤 그 회사의 모습이 어떻게 되었을지는 궁금하지도 않다.

회사 내부의 경영권 질서를 무너뜨리는 것에 대한 항의도 (기획본부장인)나의 몫이었다. 당시 회사에는 산업부 고위직 출신이 자문역으로 상근하고 있었다. 그런데 이분이 친분있는 기자들에게 자기와 VIP의 유년 시절 인연을 자랑하면서 가끔 'VIP를 비하성으로 언급한다'고 기자들이 전해왔다. 또한 그림자 같은 존재인 줄 알았는데 언제부턴가 임원들을 불러서 보고를 받기 시작했다. 더 놀라운 것은 나에게도 VIP와의 친분을 강조하면서 고위 임원 인사에 관한 뒷이야기를 흘렸다. 시간이 흐르면서 보이지 않는 사내 힘의 중심이 CEO보다 그 방으로 쏠리기 시작했다. 임원들 사이에 CEO보다 그 방의 이야기가 더 힘있게 돌았던 것이다. 더구나 당시 CEO는 외부에서 영입한 분이었다. 결국 당시 난제였던 배출권거래제를 계기로 그분과 나의 갈등이 생겼다. 그해 말 나는 그 난제를 해결하고 퇴임했다.

경쟁사와의 관계도 홍보 활동에서 잊을 수 없는 일이다. 이는 경쟁 P사의 문제라기보다는 어느 업종에서나, 언제나 있을 수 있는 선발회사와 후발회사 간의 이슈다. 선발회사의 후발회사 견제는 3단계로 진행된다. 처음에는 진입을 저지하다가 진입을 하면 스스로 주저앉도록 한다. 그러다가 이도저도 안 되면 말 잘 듣는 후배로 관리하려고 한다. 그러나 나는 기획실에서 단련된 습관에 따라 자료를 수집하고 데이터화 해서 논리적으로 타이밍 있게 대응을 해야 했다. 계속된 시달림에 두 회사의 합병 시나리오를 제시했는데, 앞으로 어떻게 진행될지 지켜볼 일이다. 최근 벌어지고 있는 고려아연과 영풍의 경영권 확보 전쟁이 참고가 된다. 이러한 일련의 대응은 회사나 경영진의 지시가 아니라 스스로 판단해서 할 수밖에 없었다. 그렇게 한 결과 제철소 건설 공기가 준수되고, 금융비용이 절감되고, 우수 인재 유치에 도움이 되었다면 홍보인의 보람이다.

중대재해나 환경 이슈는 철강 회사가 가진 숙명적인 이슈다. 이러한 사회적 가치에 대해서는 회사가 언제나 적극적으로 수용을 해야 했다. 언론인들도 비난보다는 '비판'에 중점을 두고 다루어 주었다. 다행히 회사도 이러한 이슈 해소를 가장 우선순위에 두고 경영을 하게 되었고 미흡하지만 많이 개선되고 있다.

2020년 말 퇴직 후 나는 진보적 시민단체와 많은 교류를 하고 있다. 지난 수십 년간 이어온 관계가 소개와 소개를 통해 많이 확대되고 있다. 이분들과의 만남이 이어지고 확대되는 가장 큰 요인은 이들이 기업을 알고 싶어 한다는 점이다. 기업이나 오너의 약점을 잡아 어떤 계기가 있을 때 협상력을 높이자는 게 아니다. 기업의 영향력을 너무나 잘 알고 있기에 기업이 잘 돼야 나라와 사회가 잘 된다고 믿기 때문이다. 기업이 '제 역할'을 해달라는 것이다. 시민단체는 사회 가치 지향을 알려주는 풍향계와 같다. 이들과의 교류를 통해 풍향을 잘 읽고 미리 대비를 할 수 있는 것은 기업의 복이다.

반면에 기업에서는 이들 시민단체들은 매사에 반대만 하고, 기업 망하기를 바라는 단체로 생각하는 경우가 많다. 그에 대한 현상적 사례도 일부 있는 게 현실이다. 그러나 현상보다 그 밑의 인과관계를 봐야 한다. 내가 경험한 바에 의하면 오해의 대표적인 예는 '차이'와 '차별'이다. 기업은 차이가 있으니 차별을 해야 한다는 생각이고, 시민단체는 차이는 인정하지만 차별을 해서는 안 된다고 생각한다. 이 생각의 간극은 법이 아니라 기업과 시민단체의 꾸준한 대화로 해결해야 한다는 것이 나의 생각이다. 그러나 기업은 대화를 하다가도 손쉽게 법에 호소하고, 시민단체는 기업에 호소해도 안 되니 같이 법으로 대응하고 있는 게 현실이다.

기업이 법 보다 먼저 사회적 대화의 문을 열어야 한다. 한 담당 임원이나 팀이 할 일이 아니다. 이들은 시민단체와의 소통 보다는 민원 대응 업무가 중심이다. 그것보다는 회장님과 주요 임원들이 시민단체 회원이 되어 적극적인 소통을 해야 한다. 그러한 소통을 통해 컨센서스를 이루고 제도 개선이나 예산 지원이 필요한 경우 이들과 함께 대 정부(국회) 지원사항을 건의하면 반영이 안 될 수가 없다. 시간과 갈등 해소 비용이 법에 의하는 것과는 비교가 되지 않게 절약될 것이다. 그렇게 하고자 노력한 것이 나의 홍보 활동이었다. 이 책은 그러한 과정을 소개한 책이다.

임원보다 회장님을, 회장님보다 회사를, 회사보다 사회적 가치를 우선하면 그것이 회사와 회장님과 임직원에게도 좋은 일이 된다. 따라서 사회의 가치 지향을 나의 조직에 전파하고, 조직의 활동을 사회의 가치 지향에 맞추려는 노력, 그것이 홍보인의 역할이다.

많은 분들의 도움을 받았고 미안하고 감사합니다. 무엇보다 나의 진보적 언행(言行)과 조직의 위계적 문화 사이에서 마음의 고통이 많았을 후배들에게 미안합니다. 학부시절 경제사 수업을 통해 기록의 중요성을 일깨워 주시고 오늘날까지 따뜻한 격려를 해주시는 연세대학교 경제학부 홍성찬 명예교수님, 자원순환의 중요성을 알게 해준 생태경제연구회 회원님들, 보람찬 직장생활을 할 수 있는 계기를 만들어주신 한정건 전무님(현 풍전비철그룹 부회장), 늘 든든한 병풍 역할을 해주신 현대제철 강학서 전 사장님과 박승하 전 부회장님께 감사드립니다.

오너 경영인의 철학과 기업의 사회적 역할을 배울 수 있게 해주신 강원산업 고(故) 정인욱 명예회장님과 현대차그룹 정몽구 명예회장님께 감사를 드립니다. 퇴직 후에도 현대제철 출신이라는 자긍심을 갖도록 현대차그룹을 세계 3위의 자동차 회사로 육성시키고 새로운 비전 제시로 우리 사회에 희망을 주시는 정의선 회장님께 감사를 드립니다.

2016년 6월 13일 뉴욕 특판원들과 뉴저지에서 맨하탄을 배경으로 한 기념사진. 좌측부터 조선일보 김덕한(현 조선비즈 편집국장), 중앙일보 이상렬(현 수석논설위원), 필자, 한국경제 이심기(현 편집국장), 매일경제 황인혁(현 부국장 겸 지식부장)

현대 일관제철소 기공식·준공식 대통령 축사

■ 노무현 대통령 축사

존경하는 충남도민과 당진군민 여러분, 그리고 국내외 기업인과 귀빈 여러분, 현대제철의 당진 일관제철소 기공을 매우 기쁘게 생각합니다. 온 국민과 더불어 진심으로 축하드립니다.

오랫동안 우리 경제에 큰 부담이 되었던 이곳이 이제 철강산업의 중심으로 힘차게 도약하고 있습니다. 새롭게 들어설 철강밸리의 웅장한 모습을 상상하니 벌써부터 기대가 큽니다.

현대 일관제철소가 완공되면 수입에 크게 의존하던 철강 반제품의 수급난을 해소할 뿐만 아니라, 자동차 산업과의 효과적인 연계를 통해 기술혁신과 신제품개발을 촉진 하게 될 것입니다. 또한 선발업체와의 경쟁과 협력으로 우리 철강의 품질을 높이고 서비스를 개선하는 좋은 계기가 될 것으로 믿습니다.

그동안 애써 오신 현대제철 관계자 여러분, 그리고 충남도민과 당진군민 여러분께 감사와 축하의 말씀을 드립니다.

기업인과 근로자 여러분,

우리 철강산업의 역사는 한국경제의 성공신화 그 자체입니다. 자본도,

기술도 없이 맨주먹으로 시작해 연간 5천만 톤을 생산하는 세계 다섯 번째 철강대국으로 우뚝 섰습니다.

지난해 GDP의 2.5%, 수출의 5.1%를 차지할 만큼 산업적 비중도 크지만, 값싸고 품질 좋은 철로 우리의 제조업을 든든하게 뒷받침해 왔습니다. 조선을 비롯해 자동차, 전자, 기계 산업이 세계적 경쟁력을 갖추게 된 데에는 철강산업의 역할이 컸습니다.

그러나 잘 아시는 대로, 우리 철강산업이 직면한 도전 또한 만만치 않습니다. 중국이 급성장하고 있고, 철강업계의 대형화와 국제 환경규제도 빠르게 진행되고 있습니다.

이러한 때일수록 변화에 능동적으로 대응해서 오히려 한발 앞서는 기회로 삼아나가야 합니다.

이미 여러분이 잘 하고 계십니다. 제품의 다양화·고급화를 통해 부가가치를 높이고 있고, 환경친화적인 기술개발에도 적극 나서고 있습니다. 해외 원료공급자는 물론, 외국 기업과의 전략적 제휴도 확대하고 있습니다.

정부도 신소재 개발을 비롯한 R&D 투자를 지속적으로 확대하는 등 여러분의 노력을 적극 지원해 나갈 것입니다.

충남도민과 당진군민 여러분,

오늘 기공하는 현대 일관제철소는 당진을 비롯한 서해안 지역 경제에도 큰 활력을 불어넣게 될 것입니다. 벌써부터 철강연구소나 자동차 부품업체들이 몰려들고 있고, 시설을 늘리거나 새롭게 문을 여는 철강공장도 늘어나고 있습니다.

제철소가 완공되는 2011년이면 이곳은 세계적인 철강산업단지로 거듭

나서, 중국교역의 물류거점이 될 평택·당진항과 함께 명실상부한 서해안 시대를 열어가게 될 것입니다.

이제 시작입니다. 철강강국의 저력을 보여줍시다. 우리 철강의 역사에 또 하나의 신기원을 이룹시다.

다시 한번 기공을 축하드리며, 현대제철의 무궁한 발전과 여러분 모두의 건승을 기원합니다. 감사합니다.

2006년 10월 27일
대통령 노무현

■ 이명박 대통령 축사

충남도민, 당진군민 여러분, 그리고 내외 귀빈 여러분, 이 자리에 함께 해 주신 현대제철 임직원 여러분, 현대제철 당진 일관제철소 준공을 온 국민과 함께 축하를 드립니다. 최근 천안함 침몰로 많은 해군 장병들이 실종되는 엄중한 상황 속에서도, 저는 산업의 불꽃은 꺼질 수 없다는 마음으로 오늘 이 자리에 왔습니다.

존경하는 국민여러분, 우리는 지금 대한민국 철강산업 제2의 도약을 선포하는 현장에 와 있습니다. 옛 시인이 "하늘과 바다가 맞닿는 곳"으로 불렀던 저 당진벌 한 가운데에 110m의 용광로가 힘찬 불꽃을 토해내고 있습니다. 2006년 10월 황량한 갯벌을 막아 첫 삽을 뜬지 3년 반 만에 한국 철강사에 또 하나의 금자탑이 세워졌습니다. 정몽구 회장을 비롯한 현대제철 임직원 여러분의 노고에 감사를 드립니다. 밤낮을 가리지 않고 땀흘린 시공업체 관계자 여러분, 수고가 많으셨습니다. 준공에 이르기까지 협조를 아끼지 않은 충남도민과 지역주민 여러분들께도 각별한 감사의 말씀을 드립니다.

존경하는 국민여러분, 철은 인류 문명사를 통해 국력과 군사력, 그리고 과학기술력의 상징이었습니다. 우리 대한민국의 역사에서도 철의 힘은 중요한 고비마다 나라의 운명을 바꾸었습니다.

임진왜란 때 풍전등화의 위기에서 나라를 구한 것은 거북선의 철갑과 우수한 화포였습니다. 가난과 전쟁으로 헐벗은 이 대지 위에 눈부신 경제성장의 시대를 연 것도 철이었습니다. 1970년 포항제철이 철강 한국의 첫 불을 붙이고, 그로부터 40년이 지난 오늘, 당진에 일관제철소가 준공됨으로써, 대한민국 철강산업의 새로운 미래가 열리고 있습니다.

저 용광로에 불이 붙기까지 가슴 졸이는 숱한 시간이 있었을 것입니다. 특히 전대미문의 금융위기는 많은 기업들의 활동을 위축되게 만들었습니다. 투자를 주춤하게 만들었습니다. 하지만 현대 제철은 선제적이고 과감한 투자를 멈추지 않았습니다. 연간 80억 달러에 달하는 철강수입 대체를 목표로 세계 철강시장을 향해 도전을 계속해 왔습니다.

세계적인 경제 위기 속에서 남들이 멈칫할 때도 미래를 내다보며 계속 과감한 투자를 하여 오늘을 만들어 낸 정몽구 회장의 리더십을 또한 이 자리에서 높이 평가를 드립니다. 그러한 기업가 정신이야말로 갯더미 속에서 한강의 기적을 일구어낸 한국 경제의 진정한 힘이라고 생각합니다.

현대제철은 또한 이번 제철소 건설을 통해서 양질의 일자리를 많이 창출했습니다. 건설 과정에서도 10여 만명의 고용효과가 있었고, 앞으로 운영되는 과정에서도 8만 여 명의 직간접적인 고용효과가 있을 것으로 전망됩니다.

제철산업의 녹색화를 위해서도 노력을 했습니다. 제철 공정 중 나오는 가스를 재활용해서 전력 소요량의 80%를 자체 생산하고 있습니다. 최첨단 정보제어기술과 녹색기술을 접목시켜 철강 생산에 따르는 소음과 먼지를 줄임으로써 깨끗하고 친환경적인 '녹색 제철소'를 만들었습니다. 이제 이 쾌적하고 좋은 일터에서 노사협력의 꽃을 활짝 피워 세계 최고의 경쟁력을 갖춘 글로벌 기업으로 성장하기를 기대합니다.

사랑하는 지역주민 여러분! 10년 전만 해도 당진은 인구가 급격하게 줄어드는 곳이었습니다. 그러나 천혜의 항구를 자산으로 기업하기 좋은 지역을 만들고자 부단히 노력한 결과 많은 기업들이 당진에 새 둥지를 틀고 있습니다. 좋은 일자리가 창출되면서 인재도 모이고 사람들이 모여들고 있습니다. 지난 3월에는 마이스터고교인 합덕제철고등학교가 개교됨으로써 철강산업의 미래 인재들이 이 당진벌에서 자라게 되었습니다. 듣기로는 올 해 안에 당진인구가 15만 명을 넘어설 전망이라고 합니다. 얼마 있지 않아 이제 시로 승격할 날도 멀지 않은 것 같습니다.

기업의 투자를 통해 지역에 일자리를 만들고 지역경제와 재정수입에 기여하는 것이야말로 진정한 지역발전의 길입니다. 또한 일자리 창출이야말로 이 시대, 진정한 나라 사랑, 애국의 길이라고 생각합니다. 일찍이 당진은 '당나라로 가는 큰 나루터'였습니다. 현대제철소가 이곳에 오면서 21세기 세계도시로 웅비하려는 '새 희망 당진'(New Hope Dangjin)의 꿈은 더욱 큰 힘을 얻게 되었습니다. 앞으로 서해안 시대를 열어가는 데 기업과 지역 사회가 힘을 합쳐 크게 기여해 주시기를 바랍니다.

오늘 우리 철강산업의 새로운 미래를 여는 이 자리에서 함께 하게 된 것을 매우 기쁘고 자랑스럽게 생각합니다. 이 자리에 함께 하신 모든 분들에게 감사의 말씀과 축하의 인사를 드리면서 다시 한 번 현대제철 일관 제철소의 준공을 축하해마지 않습니다.

감사합니다.

2010년 4월 8일

대통령 이명박

김경식의
홍보오디세이

초판인쇄 2024년 11월 11일
초판발행 2024년 11월 15일

지 은 이 | 김경식
편   집 | 김새봄
디 자 인 | 디자인에스비

펴 낸 곳 | 투데이펍
펴 낸 이 | 박애경
출판등록 | 제2016-000097호
주   소 | 서울특별시 영등포구 63로 32, 511호 (콤비빌딩)
전자우편 | todaypub.cs@gmail.com
대표전화 | 02-739-2711
팩   스 | 02-739-2702

ISBN 979-11-959000-2-2(03300)